奉耶穌的名求

IN THE NAME OF JESUS

Power to Pray for People and Places

◆──◆ 各界推薦 ◆──◆

《奉耶穌的名求》是一本極為少見且珍貴的書籍，所囊括的內容不單重要而且意義深遠，你會盼望它能永遠傳承。閱讀本書後，你會堅信自己的生活以及整個世界都會改變。柯榮恩博士將引人入勝的故事、大有能力的引言、上帝的話，各方面都巧妙地結合在一起。你會巴不得自己能在多年前就讀過這本書！

——約翰·布雷蕭（John Bradshaw）
《It Is Written》節目事工負責人

我們相信，「在虔誠的祈禱聲中，撒但和眾惡天使都在顫抖」（《教會證言》卷一，原文 346 頁）。禱告是上帝為世人的靈命備戰的首選武器之一。我們的朋友柯榮恩時常激勵我們，他一生極力帶領人們認識耶穌。他從現實生活中知道祈禱的力量，也了解哪些方法最容易讓我們付諸實行！閱讀這本書讓我們再次深深地感動。我們希望並祈禱每位牧師、長老和信徒都能閱讀它！就從此刻起，讓我們所有人摒棄光說不練的言論和幻想，對於最後的重大突破做出行動，真正地祈禱並且見證祈禱能為個人生活、家庭、教會和世界帶來的變化！閱讀它並見證主的作為！

——傑瑞和珍妮特·佩奇（Jerry and Janet Page）
全球總會傳道協會幹事

《奉耶穌的名求》既啟發了我，也同時向我發出挑戰，使我考慮將祈禱作為城市宣教的策略。我強烈建議所有希望豐富自己禱告生活的人，包括每位牧師、地方教會領袖、禱告小組、教友及城市宣教協調員閱讀本書，你們將會發現其中的資源無比豐富。

——傑佛瑞·巴華納（Geoffrey G. Mbwana）
全球總會副會長

請以一顆禱告的心閱讀此書，你的人生將從此不同！你將從上帝的聖言中深刻發現禱告的能力，會因禱告產生的見證受啟發，並學習奉耶穌的名，過祈禱的生活。

——德里克・莫里斯（Derek Morris）
希望電視台台長及《激進的祈禱》作者

當我閱讀《奉耶穌的名求》時愛不釋手，興奮異常。它就是我所尋找的！是我們作為基督徒不可或缺的！我想表達的是，如果你想使你的禱告生活與耶穌的關係提升到一個全新的境界，那麼這本書就是為你預備的！事實上，我深深相信，凡對宣教擁有負擔之心的信徒，都應該閱讀這本書；它的信息所產生的強大力量，足以為教會帶來改革！這是一本精彩絕倫的書，我迫不及待想要分享給每一位。

——梅洛迪・梅森（Melody Mason）
全球總會祈禱聯盟協調人及《敢於要求更多》作者

如果你正在尋找一本鼓舞人心的書，並與教會分享如何從復臨教會的角度進行真正的禱告，那麼《奉耶穌的名求》就是你需要的書。如果你認為對城市佈道進行策略性改革是必要的，並想更進一步了解集體禱告、行走禱告或為人代禱，這就是你要找的書了。

——羅伯托・巴德納斯（Roberto Badenas）
歐非分會聖經研究委員會前主席，法國科隆涅斯薩洛維神學院院長

本書深入探討個人和集體禱告的方法，以及常被忽略、有關屬靈復興和佈道的最佳策略。作者以令人信服的口吻，向生活在大城市的人們提供了上帝在《聖經》中的禱告應許，以及實用的說明和建議，例如行走禱告和為人代禱。我衷心建議讀者閱讀這本書，並在個人生活、教會和機構中實踐其方法。

——李在龍（Jairyong Lee）北亞太分會前會長

這本《奉耶穌的名求》出現的正是時候！現在的世代迫切需要這樣的書籍。它具有激勵性、啟發性和鼓舞性，希望世界各地的基督徒都能閱讀這本書。它可以幫助發起一場改變生活的祈禱運動。書中有趣的故事和解說將使你願意閱讀和聆聽《聖經》中上帝的聲音，並願意認真地禱告。我祈禱這本書能改變我們，使我們成為祈禱之人。

——露絲·雅各布森（Ruthie Jacobsen）
北美分會前禱告事工協調人和作家

能透過禱告的力量來了解上帝對我們生命的計畫，以及祂對地方教會承諾之屬靈計畫是何等榮幸！柯榮恩博士在這本引人入勝且鼓舞人心的書中，將禱告視為一種策略，是個人和教會的靈性革命。他邀請我們利用天國龐大的資源來喚醒世人的心。全能主希望我們多祈禱，提升基督化的生活。

——比利·比亞傑（Billy Biaggi）全球總會副會長

日本的復臨教會在聖工上已經奮鬥多年。但是，基督徒的人口比例仍然不到1%。《奉耶穌的名求》一書不僅實用，更具影響力及改革性。這是一本人人必讀的書，它將在這個充滿挑戰的時代改變你的屬靈生活。我希望藉著《奉耶穌的名求》復興每位日本復臨教會牧師、老師、領袖、父母、青年和專業人士的祈禱生活。

——小原望（Nozomu Obara）
東京特別任務團副主任，東日本區會前會長

當我們面對看似無法克服的屬靈爭戰時，使用無限的禱告寶庫通常會成為最後的防禦選擇。但是柯榮恩博士將禱告視為進攻的武器。這本書是福音事工者極佳的指南。它會改變你對實踐祈禱的態度。

——伊萬·威廉姆斯（Ivan L. Williams Sr.）
北美分會傳道協會幹事

柯榮恩牧師的「行走禱告」（Prayer Walking）研究完美地輔助復臨教會
提倡的「我願去」、「復興與改革」和「有活力的安息日學！」等行動，
他對現今已開發或發展中國家的宣教領域提出了驚人的挑戰。在澄清禱
告普遍被誤解的同時，他也說明了什麼是行走禱告，什麼不是，強調了
這項行動未被充分利用的力量。本書各章中提供的實用方法、解決問題
的技巧和引人深思的學習指南，將使宣教領域的禱告工作者受益。

——賈斯汀・金（Justin Kim）
全球總會安息日學和個人佈道的編輯兼助理幹事

讀完這本書令我對祈禱的特權和力量大開眼界。柯榮恩牧師衷心地呼籲
進行策略性的祈禱革命，這使我非常感動，他也向我挑戰，要更有意識
地祈禱，並與他人一起祈禱。這一行動呼籲及時提醒我們：藉著祈禱為
他人的救恩與上帝建立連結是刻不容緩的！我等不及要開始嘗試這些實
用的建議並分享給其他人！

——尼娜・艾奇森（Nina Atcheson）
全球總會安息日學和個人佈道之課程管理負責人，
《榮光縈繞》（As Light Lingers）作者

「我們大多數的人……很少禱告。許多人的禱告並非出於信心。」柯榮
恩博士切中要害的陳述，揭露了現今禱告的真相。這本書是所有基督徒
的必讀之書！只要我們懇切、真誠和持續地禱告，上帝要為我們並透過
我們做許多事。我的朋友柯榮恩博士系統地教導我們禱告的價值、如何
禱告以及真正的禱告所能產生的強大效果！你的禱告只是表面功夫嗎？
這本書將使你恢復活力，重新充電並激勵你，使你有一個充滿活力的禱
告生活。

——托尼・安諾比勒（Tony Anobile）
北美分會多語言佈道副會長

這本書激勵人們禱告。每一位認真希望看到耶穌在這一世代來臨的
基督徒都必須閱讀這本書。

——莫伊斯·拉薩拉（Moise Ratsara）
密西根教會主任牧師，前「青年大會」GYC 領導人

我非常感謝柯榮恩博士堅持不懈完成這項祈禱的工作。《奉耶穌的名求》
將成為城市宣教和高效能祈禱不可少的基礎。我將極力向牧師、教會領
袖和地方教會的每位教友推薦這本書。

——韓錫熙（Suk Hee Han）北亞太分會公共傳播幹事

榮恩牧師非常清楚若無法做到向世人傳揚天國的信息是何等大的損失！
他提出我們正在失去領土且或將無法完成使命這樣令人信服的結論。因
此，榮恩牧師從我們的起點——即我們的基礎問題開始：我們的問題就是
設想過多但實踐不足。接觸人的起點是什麼？正是我們的禱告工作。這
不是防禦行為而是進攻行動。這就是我們攻破地獄之門的方法。我強烈
建議大家閱讀、理解並討論這本書，但更重要的是，讓這本書感動我們，
帶我們走進為失喪者祈禱的國度工作中。

——羅傑·沃爾特（Roger Walter）
奧勒岡州牧師及《佈道智能：復臨教會成長大不同》作者

獻辭

謹以此書獻給

克里斯托弗・安德烈、

亞歷山大・大衛

以及斯特凡妮・伊麗莎白

──你們是我最真摯的祈禱對象和喜樂之源。

━━━━━◆━ 致謝 ━◆━━━━━

　　我深深地感謝那些為我閱讀手稿的人，特別是那些提出建議或指出需要修正之處的人，包括那些協助推薦的人。他們是一群優秀的教會領袖、牧師和朋友。此外，我還要感謝北亞太分會的行政人員，讓我有時間為教會寫作。願這本書能夠成為對這塊充滿挑戰之區域最大的宣教祝福。

　　也感謝太平洋出版社的同仁信任這本書分享的信息：斯科特·卡迪（Scott Cady），戴爾·加盧莎（Dale Galusha）和我的編輯丹·羅斯（Dan Ross）。他們都是態度友善和工作專注的人。還要感謝我的妻子莉莎（Lisa），她忍受了無數個小時的閱讀，並與我就本書的內容進行了深度討論。她是我的首席編輯、忠實的評論家和堅定的鼓勵者。

　　我尤其要感謝主耶穌，在我因忽視了天父乃是力量之源，而錯失許多本該向祂禱告的機會時，祂給予了我持久的寬恕。感謝聖靈，儘管我有明顯的局限性和頑固的自責心態，但祂還是溫柔地鼓勵我寫作。

　　願將榮耀歸於上帝！

引言

　　當我開始撰寫這本書時，它原本是關於行走禱告的書；不料新型冠狀病毒肺炎（COVID–19）於 2020 年爆發，使全世界的人都陷入病毒的網羅。當新冠病毒肆虐全球，迫使我們在家工作一段時間後，這本書就產生了變化。儘管鼓勵復臨教會推動行走禱告仍是本書的重要目標，但它已變成更深入的研究。我添加了許多原不在計畫之內的篇幅，如聚焦在與禱告和集體禱告有關的善惡之爭，也將更多的重點放在代禱和實踐步驟上，使教會成為被禱告充滿的教會。

　　專門研究全球政治的著名政治學家伊恩・布雷默（Ian Bremmer）不久前寫道，「國際秩序正在瓦解」。全球金融衰退、移民危機、歐洲動盪、大規模殺戮激增、民族主義趨勢（他無疑會在這一連串清單上再加一筆全球的新冠疫情）導致了「地緣政治上空前的破壞……這風暴太大而無法忽略。」[1]

　　布雷默說對了。而復臨教會的信徒們為此付諸了什麼行動呢？1849 年，當復臨信徒可能只有大約一百名教友並且僅居住在北美時，上帝委託他們將三天使的信息帶給全世界！他們當中有些人聚

在一起，為第一期的《現代真理》（The Present Truth）禱告。懷愛倫（Ellen White）說道：「我們跪在書報旁，以謙卑的心和許多的眼淚懇求主，讓祂的賜福落在這些印刷的使者身上。」[2] 你聽見了嗎？「謙卑的心和許多的眼淚。」今天我們仍會這樣祈禱嗎？儘管我們資源貧乏且力量不足，我們依然相信上帝可以改變世界嗎？

根據約書亞計畫（Joshua Project）這一為基督徒傳教提供數據的組織研究，世界上大約有 17,424 個不同的族裔和文化群體，但其中有 7,410 個迄今還未聽過福音，這數字佔全球族群的 42.5％！世界上大約有 32 億人根本不認識基督，更遑論末世信息了！[3] 顯然，我們面臨著一項艱鉅的任務，但比復臨教會的先賢在 1849 年面臨的任務要小得多。他們做了什麼行動呢？他們為這世界「熱淚盈眶」地祈禱著。 **而這應該永遠是我們行動的第一步：祈禱——真誠、熱切地祈禱。**

第一次世界大戰爆發之時，槍支已經變得比以前更快速，更精準。士兵們在戰場上再也無法面對面短兵交接。機關槍的射擊使士兵們除了在地下挖掘戰壕做掩護外，別無其他選擇。這當中有什麼問題呢？此舉雖讓士兵得到保護，卻也讓他們無法發動進攻。因為一旦這樣做，他們就會暴露自己的行蹤。這樣的局面致使戰爭停滯不前。兩方軍隊會有連續好幾天、甚至幾週都無所事事，只能躲在

戰壕裡，而壕溝裡到處是士兵們的排泄物和糧食，它們和泥土及戰爭的苦難混雜在一處。士兵們進退兩難。後來，有一天，英軍使用農用拖拉機的底盤設計了一輛裝甲車，以此發明了坦克。坦克車將戰爭的性質從幾乎是純粹的防禦行動，轉為具機動性的進攻。[4] 坦克可以隨處移動。它可以穿透敵人的防線。對於基督徒來說，這坦克就是策略性的祈禱。它可以穿透任何敵人設下的防線。

以棒球運動來比喻，我們可以說祈禱就是到達了一壘，沒有踏出這一步，就不可能回到本壘。教會現在必須進行熱切而有組織的全球代禱運動。懷愛倫對眾多活在滅亡世界的基督徒缺乏即時的反應感到震驚：

「（他們）對撒但和他的作為沒有什麼仇恨，因為對撒但的能力和惡意以及對基督和祂的教會的大範圍爭鬥非常無知。眾人都被矇騙了。他們不知道自己的敵人是控制邪惡天使思想的強大將軍，並且他以成熟的計畫和巧妙的行動為反對基督而戰，以防止靈魂得救……（撒但）無孔不入，在各家的每個活動領域，在我們城市的每條街道、在教堂、在國家議會、在司法部門，使人困惑、迷惑、受引誘，毀滅男女和孩子的靈命、破壞家庭、播種仇恨、競爭、衝突、煽動叛亂、謀殺。基督徒似乎將這些事情視為上帝所安排的，並且它們必須存在。」[5]

　　是時候站出來改變現狀了！我們的教會必須在指揮官耶穌基督的後面整隊，為那些仍然可以從世界中拯救出來的靈命而戰。我們必須認真、忠實、有策略性地祈禱，使上帝的國度能戰勝黑暗的國度。如果不是我們，還有誰呢？如果不是現在，那是何時呢？「到處都有人為他們所沒有的而哭泣，他們渴望一種能使他們脫離罪惡掌控的能力，一種能使他們擺脫邪惡束縛的能力，一種能帶來健康、生命與平安的能力。」[6]

　　這是一本關於策略性禱告的書。第一部分是探討《聖經》對策略性禱告的教導。第二部分是關於可以運用在地方教會或復臨教會機構中的實用策略。由於我目前在復臨教會北亞太分會服務（所在地區絕大多數人生活在極度的屬靈黑暗中），禱告的需求已成為我心中最迫切的負擔。但是整個世界都需要策略性的禱告。韋斯利・杜威爾（Wesley Duewel）敦促：「**祈禱是教會最大的資源**。這不是你必須去做的唯一一件事，卻是你可以做到的、最偉大的事。」[7]

　　既然如此，讓我們開始吧！

註釋

1. 伊恩‧布雷默，〈美國的全球領導力時代已結束。未來將如何？〉，《時代》，擷取日期：2016 年 12 月 19 日，http：//time.com/4606071/american-global-leadership-is-over/。他的著作尚有：《J 曲線：理解國家興衰原因的新方法》（紐約：西蒙與舒斯特，2006 年）；《每個國家都為自己：G-Zero 世界中的贏家和輸家》（紐約：Portfolio Penguin，2012 年）；以及《超級大國：美國在世界角色上的三種選擇》（倫敦：英國企鵝出版社，2015 年）。

2. 懷愛倫，《生平概略》（華盛頓特區：評閱宣報®，1915），126 頁。另見喬治‧奈特，《復臨教會簡史》（馬里蘭州黑格斯敦：評閱宣報®，1999），56 頁。

3. 《全球摘要》，約書亞計畫，2020 年 5 月 1 日，https：//joshuaproject.net/。

4. 史蒂芬與艾力克斯‧肯德里克，《祈禱的戰鬥計劃：從基本訓練到目標策略》（田納西州納什維爾：B&H，2015 年），15、16 頁。

5. 懷愛倫，《善惡之爭》（華盛頓特區：評閱宣報®，1911），507、508 頁。

6. 懷愛倫，《論健康佈道》（又名：服務真詮），（華盛頓特區：評閱宣報®，1905），143 頁。

7. 卡羅‧強生‧梅舒克，《當我們為他人祈禱時：代禱的祝福》（馬里蘭州黑格斯敦：評閱宣報®，1995 年），99 頁。

PART

1

未盡其用的力量

奉耶穌的名求
IN THE NAME of JESUS
Power to Pray for People and Places

祈禱是勝利的關鍵。沒錯，我們當然也曉得耶穌是勝利的關鍵（腓立比書4：13）。此外我們還知道信心亦是勝利的關鍵（約翰壹書5：4）。但是，除非我們透過禱告與耶穌溝通，否則我們就無法認識祂；除非禱告確實地實踐在我們基督徒的生活中，不然我們就將無法體驗信心的生活。

　　但是，我們大多數人很少禱告。許多人的禱告並非出於信心。在本書第一部分——也是本書最重要的部分，我將試圖著重介紹一些《聖經》中關於禱告的內容，希望能喚起你對禱告的渴望，尤其是集體的禱告。在這部分實在是有太多可說、可分享的！而我可以坦誠地說，其他人——如邦茲（E.M. Bounds）、安得烈·莫瑞（Andrew Murray）和陶恕（A.W. Tozer），在這方面都能剖析得比我更透徹、更好。礙於篇幅限制，我還有許多筆記、引述和故事無法列入本書第一部分內容，不然這部分將變得過於冗長。但是，關於這部分實有太多值得思考、學習，並與志同道合的朋友討論之事。然而就目前來說，我的禱告很簡單：願上帝能向我們彰顯——當我們奉祂的名而求時，祂能為我們成就多大的事！

IN THE NAME

Power to Pray for   OF JESUS
People and Places

HOLY BIBLE

第 1 章

策略革新的必要性

　　幾年前，我有幸參觀了以弗所古城，它座落在現今的土耳其。我對我所看到的一切驚訝不已。這裡有宏偉的塞爾柱克街（Curetes Street），那裡有公共廁所和供奉異國神明的神龕。此外還有歐典（Odeon），是一個可容納三千人的音樂廳，以及著名的塞爾蘇斯圖書館（Celsus Library）的正面遺跡，這是古代世界最大的圖書館之一。另外還有下集市（agora）或市場，以及可容納兩萬五千人的著名大劇院。兩千年前，以弗所人曾在那裡高呼數小時，為表達支持黛安娜（Diana）女神，並反對保羅宣講的新天堂之神──上帝（使徒行傳 19：23、34）。

　　但比起宏偉的古代考古遺址，更讓我驚訝的是，在這個如此巨大、世俗化、沒有基督的城市──那裡的戴安娜神廟被認為是古代文明七大奇觀之一，保羅的宣教卻是出奇的成功！以弗所是亞洲城市中「最宏偉」、也是「最腐敗」的城市。這是一個充滿招魂術等邪術的城市。[1] 保羅是怎麼做到的呢？使徒在不到三年的時間內（使徒行傳 19：8-10），如何將世界上最具影響力的城市之一，從異教城市變成了基督教城市？以弗所的基督徒因他們對耶穌基督「起初的愛心」（啟示錄 2：1-4）而成為傳奇。以弗所成為最後一位倖存的使徒──約翰的生活中心，以弗所教會也是第一世紀最活躍的教會。保羅的成就相當於使今日的東京（人口 3,700 萬）藉著宣教事工和數十名傳道人的努力，讓其中大多數人成為基督徒！

　　我們可以在保羅寫給以弗所教會的書信中找到其中的一個關鍵，這封信是他在以弗所住了幾年後在羅馬監獄寫的。使徒在描述了耶穌的士兵要穿戴上帝軍裝的各種部件（以弗所書 6：10-17）之後，便要求以弗所的基督徒「為我祈禱」，正如他所說，「也為我祈求，使我得著口才，能以放膽開口講明福音的奧祕，並使我照著當盡的本分放膽講論」（19、20 節）。令人驚奇的是他雖然被囚禁，他卻沒有要求朋友為他的釋放或得到更好的待遇而祈禱，而是祈求擁有在監獄中作見證的能力！他們的禱告奏效了。懷愛倫

說，由於保羅的見證，當時羅馬皇帝尼祿（Nero）家族的一些人信奉了基督教。[2]

　　保羅是一個祈求機會之門為福音敞開的人（歌羅西書 4:2–4）。對於延遲抵達哥林多市，他表示了這樣的歉意：「但我要仍舊住在以弗所，直等到五旬節；因為有寬大又有功效的門為我開了，並且反對的人也多。」（哥林多前書 16：8、9）他認為以弗所教會已經預備好與上帝一起做出改變，然而這並不是一件容易的事。保羅在以弗所帶動的是一場革命，而這場革命是從禱告開始的。他還意識到上帝的敵人會竭盡所能使城市陷入黑暗而戰。因此需要很多的禱告。

現今的挑戰

　　作為一個教派，復臨教會在全球 235 個國家和地區發展了 212 個區域的聖工。截至 2020 年，我們的教友人數超過 2,100 萬人，這是因為許多忠心的平信徒、牧者和領袖們願意向其他人分享個人的信仰並預備好自己祝福他人；此外，教會也願意敞開福音的大門，分享三天使的信息，才使得每年有成千上萬的人加入教會。但是，這當中有超過 75％的受洗人數僅來自復臨教會 15 個地區中的 4 個，並且有幾個分會的持續增長率僅略高於零。是的，相比之下，

是 0%！[3] 事實是，我們儘管有些進展——人口與教友之間的比例正在縮小，現今為 356：1 [4]，但從統計的數據來看，我們仍是持續落後的。

每年大約有 1.377 億人出生，5,720 萬人死亡。[5] 這意味著世界上每年新增的人口為 8,050 萬人。當然，這個數字還在繼續增加。這個數字幾乎是今天復臨教會全體教友的四倍。據教會統計（算上流失教友在內），2017 年至 2018 年期間，教友數量僅增加 687,432 位。[6] 我們為每位新教友讚美上帝！但是，從全球每年增加 8 千萬的人數來看，每年不到 1 百萬教友的增長在相比之下又是如何呢？

很顯然的，優秀的機構、上萬名就讀於我們廣被認可之學校的年輕人、有效的佈道方法和資源，以及難以匹敵的全球性組織，這些林林總總加起來，都不足以取得**實質性的進展**。是的，我們有進步，但並不是不同凡響的進展。我們需要的是一場真正的革命——必須是一次簡單有效的策略性革命。[7]

我們需要的是齊心同行、一起禱告，祈求上帝打開城市居民的心。在現今的世界，大量人口都生活在城市之中，遠超過鄉村或小鎮。在許多人口眾多的亞洲國家，近幾十年來也有越來越多的人生活在都會區。

　　城市從來不是上帝發明的。第一個城市建設者是該隱。他殺死了自己的兄弟亞伯，離開了上帝的同在（創世記 4：16、17）。古代城市的設立原是要作為保護人們免受敵人侵害的堡壘。但如今，城市卻充滿了各種可想像的危險、腐敗和罪惡。因此，所多瑪和蛾摩拉是上帝被迫摧毀的兩個城市，它們的腐敗是無法挽回的（創世記 18：20、21；19：1–17）。但是，少數逃脫的居民因亞伯拉罕的代禱而得救（創世記 18：22、33）。另外，因為一位不情願的傳道人向上帝求情，上帝也拯救了尼尼微這個大城市（約拿書 1-4 章）。

　　想想孟買、上海、柏林或紐約等城市。在那裡生活的數百萬人是否需要從撒但的魔爪中被解救出來呢？想想布宜諾斯艾利斯、雪梨（又稱悉尼）、約翰尼斯堡或雅加達等城市，那些城市是否可能因為被稱為「復臨城市」而廣為人知？再想想東京、開羅、曼谷和香港等城市，他們所有的人民都認識世界的創造主和救贖主所提供的奇妙禮物嗎？另外，不妨也想想首爾、奈洛比、里約熱內盧或巴黎等城市，三天使信息的旗幟是否飄揚在這些擁有眾多人口的城市之上？答案是否定的。像聖保羅、墨西哥城和馬尼拉這樣的城市在其境內有成千上百間復臨教會，但即使如此，它們也無法被視為復臨城市。

以我服務的分會為例，該分會由中國、日本、朝鮮、南韓、台灣和蒙古等國家組成。[8] 僅這六個國家就有 16 億人口，但其中基督徒卻不到 4%，復臨信徒不到 0.05%！難怪我的分會將自己描述為「最具挑戰性的分會」。在世界上 50 個最大的城市中，有 25 個都在這個分會區域。西方人第一次造訪中國或日本時，他們也無法想像會在地鐵或街道上看到這麼多人！

我的觀點是：將福音傳遍全世界——而現今世界上大多數人都住在城市——這份工作是極具挑戰性的。如果我們一如既往，努力工作，創造資源來進行培訓和分享，建立學校、醫院、教堂，並祈求上帝賜福我們的計畫，我們恐怕永遠無法完成向世界傳揚福音的工作。即使過了六千年，我們可能仍在原地踏步。我們所做的還不夠。但是主告訴我們，當福音傳遍全世界，祂就會再來（馬太福音 24：14）。

禱告是策略

也許我們需要將禱告視為一種策略。我們通常認為禱告是事工的輔助角色，但是當涉及到世界上這些大城市時，我們的首要策略及步驟應該是制定一個有效的禱告計畫。

在城市中進行「行走禱告」（Prayer Walking），可能是所有策略中最簡單的。正如我們所見，其他的策略也是可以實施的。一

般來說，每個復臨信徒都知道如何走路和說話。行走禱告是教會中
每個人都能進行的事情：放學後和朋友同行的年輕人、在家帶孩子
的年輕母親、為健康而散步的退休人員、或在工作午休時間步行的
人，每個人都可以做到這一點。三到四個人的團隊每週數次、在城
鎮的同一地區行走禱告，每次約 30 分鐘。他們可以大聲祈禱，就
像彼此交談一樣，也可以一邊走路一邊默默地祈禱。他們可以為那
些在人行道上、餐館和商店、公車站以及地鐵站看到的每個人祈
禱。他們可以為鄰居，以及他們所見到的、住在周遭房屋和公寓的
人們祈禱。「上帝，奉耶穌的名，我們請祢賜福正等待過馬路的那
位婦人，她看起來是如此悲傷和疲憊。願祢的聖靈與她同在，今日
請賜給她希望。願祢以某種方式引導她的思想，讓她能看到生命
中的希望，而不是眼前的困境。主啊，求祢不計任何理由祝福她，

讓她能夠認識到這樣的祝福來自天上。保佑她在今天不受仇敵的利用。奉耶穌奇妙的名祈求。阿們！」就這麼簡單。

這就是戴德生（James Hudson Taylor）的策略。戴德生曾在中國傳教 51 年。他是中國內地會（今「海外基督使團」）的創始人，透過這個團體，戴德生帶領了 800 多名傳教士來到中國這個大國，開辦了 125 所基督教學校，並帶領 1 萬 8 千多名信徒歸主。他為中國犧牲甚大，也為中國多多祈禱。有一次，他和一些宣教同事在太平的市集裡。他記得當時自己的心「被擠滿街道兩三英里的人群所感動，以致於我們幾乎無法前進」。隨之而來的策略是：「我被迫退到城牆，向上帝呼求憐憫這些百姓，敞開他們的心扉，讓我們進入他們中間。」[9]

戴德生祈禱，因眼見無數人在黑暗中摸索，迫切需要上帝之光，這使他不知所措。他祈求能有一扇進入百姓心靈的門。這些人甚至都不知道自己身處在黑暗中。但是基督教傳教士知道，這就是他祈禱的原因。你知道嗎？戴德生在看到如此眾多的人之時，不知道該如何開始。他該接近誰？他要說什麼？應從哪裡開始？於是他祈求上帝打開一扇門，而**上帝立刻為戴德生打開一扇門**。

戴德生在接下來的段落中寫道：「在沒有尋求任何幫助的情況下，我們至少接觸了四個渴望的靈魂。」然後，他描述了其中一

個人：「有一個人來找我們，我不曉得他是如何知道我們的，他跟著我上了我們的船。我邀請他進來並問了他的名字。他說：『我叫戴青（Dzing）。有一個始終困擾我、卻找不到答案的問題是：「我該如何處理自己的罪？」我們當中有學問的人聲稱人是沒有未來的，但我很難相信他們……唉，先生，我為此輾轉反側。就連白天獨自一人時也坐著思考……但是我不知道該如何處理我的罪。我今年已經 72 歲。我不敢指望能再多活十年……你能告訴我如何處理我的罪嗎？』」戴德生回答：「我確實可以。」[10]

發生在戴德生身上的故事也可能發生在我們身上，因為人們仍在黑暗中摸索，並且上帝仍在垂聽信心的祈禱。請注意此處的三件事：①戴德生和他的朋友們走在群眾中，為他們那天遇見的人祈禱，為進入他們內心之門祈禱。②有四個人主動走近他們尋求亮光。③年事已高的戴青有雙重的重擔：他不知死後會發生什麼事，也不曉得如何處理自己的罪。

今天許多人也想知道死後會發生什麼事，以及他們必須採取什麼行動來彌補自己的過失和錯誤。在人類數千年的歷史中，他們的負擔與其他數十億人的負擔相同。 我們必須與這些人保持聯繫。問題是我們不知道他們是誰。我們不能挨家挨戶敲門，問：「你知道人死後會發生什麼事或如何處理自己的罪過嗎？」我們將被視為是宗教狂熱分子，警察很快就會找上我們，叫我們不可打擾別人。

　　但是上帝知道他們是誰。祂知道**進入人心的第一扇門就是我們的心門**。我們願意認識他們嗎？願意和他們成為朋友嗎？願意幫助回答他們的問題嗎？我們真的願意為他們禱告嗎？祈禱，不是一次或兩次或一個月，而是持續為他們祈禱一兩年或三年，直到那扇心門敞開？一旦上帝知道我們願意，祂就會促使那些渴望亮光的人們與你我——關心他們、為他們禱告的復臨教會宣教士，來產生聯繫。

　　懷愛倫寫了一些話是我們必須謹記在心的：「**世界各地都有男女在有所希冀地望著上天。那些渴望亮光、恩惠和聖靈之人所發**

出的禱告、眼淚與詢問上達天庭。許多人正臨近天國的邊緣，只等待有人將他們領進去。」[11] 想想看！在世界各地，人們都在尋找亮光，其中有許多人準備加入復臨教會！

耶穌感同身受。在與一位撒瑪利亞婦人交談之後，耶穌帶領她接受祂作為彌賽亞，她從自己居住的城市——敘加，帶來了一群人來聽耶穌講道（約翰福音 4：5-30，39-41）。我們必須記住當時的猶太人認為撒瑪利亞人是背道的以色列人。猶太人認為他們已經喪失了得救的機會。實際上，撒瑪利亞人被認為是比異教徒更低下的；這就是為什麼門徒們看到耶穌與一個撒瑪利亞婦女說話時感到震驚。在那忙碌的一天結束時，基督轉向祂的門徒，分享一個我們必須牢記的深刻真理：「舉目向田觀看，莊稼已經熟了，可以收割了！」（約翰福音 4：35）

願意回應上帝的人比我們想像的多！他們已經準備好立即做出回應！當我們談論傳福音時，我們經常說很少有人對我們的信息感興趣。但那是我們的眼光，而不是上帝的視野。上帝看到整個莊稼都已成熟，隨時準備收割。而禱告會幫助他們從人群中出來。

小組討論或個人思考

1 你認為復臨教會能夠把福音傳遍全世界嗎？為什麼能或為什麼不能？

2 在教會裡提倡祈禱「革命」是否合理？如果答案是肯定的，那麼這場「革命」的必要性為何？

3 你認為行走禱告作為復臨教會的事工計畫是否可行？你所在的當地教會或復臨機構看法又是如何？

4 你對懷愛倫「許多人接近天國的邊緣，只等待有人來收莊稼」的說法有何看法？

5 你是否打從心底相信，正如耶穌所說，在你的城市或社區中這些田地的「莊稼已經成熟了」？你的看法如何？

註釋

1.　懷愛倫，《使徒行述》（華盛頓特區：評閱宣報®，1911），286 頁。

2.　參閱懷愛倫，《救贖的故事》（華盛頓特區：評閱宣報®，1947），315 頁。

3.　這四個分會分別是：從 2015 到 2018 年東中非分會（27.49%），南非印度洋分會（19.23%），南美分會（15.82%），以及中美分會（14.30%），佔上述期間教會增長總人數的 76.84%。最困難的是中東和北非聯合區會（0.02%）、泛歐分會（0.18%）、歐亞分會（0.18%）和中歐分會（0.27%）。北亞太分會的表現稍佳（1.13%）。見〈2019 年度統計報告〉新系列，卷 1，《基督復臨安息日大會報告®2018 統計報告》，第 4 頁，表 3，擷取日期：2020 年 8 月 10 日，https://documents.adventistarchives.org/Statistics/ASR/ASR2019A.pdf。

4.　見 2019 年度統計報告，96 頁。

5.　參閱〈世界人口〉，Worldometer，https：//www.worldometers.info/，擷取日期：2020 年 4 月 27 日。

6.　見 2019 年度統計報告，第 4 頁，表 4。

7.　關於復臨精神的真正需要，我在其他地方曾發表過——《復臨的最大需要：聖靈的澆灌》（愛達荷州，南帕：太平洋出版社®，2011）。當我們聚焦於耶穌作為我們的救主和主的良善並恩典上時，我們需要上帝的靈充滿。我在這本書中談論的是一場策略革命。

8.　在我撰寫本文時，中國仍隸屬北亞太分會（NSD）。後來，中國成為總會的特別宣教區。

9.　戴存義醫生夫婦，《屬靈的秘訣：戴德生信心之旅》（Peabody，MA：Hendrickson，2008），166 頁。

10.　同上，166 頁。

11.　懷愛倫，《使徒行述》，109 頁；重點強調。

IN THE NAME
OF JESUS

Power to Pray for
People and Places

HOLY BIBLE

第 2 章

繞著耶利哥城牆行走

懷疑論者說像古代耶利哥城牆倒塌這樣的事從未發生過，但最近的考古證據卻表明，科學所顯示的資料與《聖經》對於這件事蹟的記載的確有相關性。[1] 在古代，一座城被敵人攻陷是司空見慣的事。那麼，為什麼有些人會懷疑耶利哥城的經歷呢？因為耶利哥的陷落是以色列人繞城行走的結果——沒有圍攻、沒有戰鬥、沒有武器。一切聽起來是如此難以置信，以至於沒有證據能說服那些堅決不信的人。

然而，它的確發生過。當上帝的子民按祂的吩咐繞行耶利哥城的第七天，這座迦南的豐饒之城的巨大城牆倒塌了！（約書亞記 6：3–5，12–20）。這真是一個奇蹟。

以色列是一個被埃及奴役了四百年的民族，他們世世代代遭受殘酷的對待和折磨（出埃及記 3：7）。上帝帶領了這個約 200 萬人口的國家，為他們開紅海，帶領他們穿越曠野四十年，時時刻刻保護他們。但現在，上帝告訴他們，征服迦南這個應許之地的時候到了！然而，迦南的邪惡居民不會因為以色列上帝的要求而離開。以色列的第一個挑戰是迦南的主要堡壘——耶利哥城。為了征服這樣一個固若金湯、兵力充足的城市，進攻的一方需要投石器和其他許多戰爭裝備。此外他們還需要一群知道該如何突破看似無敵之城牆的將軍和戰士。勝利對約書亞和以色列人非常重要。如果他們敗了，那將為他們的敵人壯大聲勢。如果他們勝了，就能以此削弱敵人的力量。[2] 但是以色列人卻是一群農民和建築工，他們當中沒有士兵！他們怎能佔領一個就連規模龐大、經驗豐富的軍隊也很難征服的城市呢？

以色列人所要做的就是步行和祈禱，就像上帝吩咐他們的那樣。〈約書亞記〉中實際上並未提到禱告，但〈希伯來書〉11 章 30 節提醒我們：以色列人「因著信……城牆就倒塌了」。除非你禱告，否則你不會有信心（路加福音 18：1-8）。他們在第一天默默祈禱的同時也繞行著耶利哥城，然後回家。他們在第二天、第三天和整個星期都做了同樣的事情。第七天，他們繞行城牆七次。然後，他們發出勝利的呼喊——彷彿城牆已倒下一般——巨大的城牆果真倒塌了！（約書亞記 6：12-20）他們的呼喊是一種信心的行為。這件

事的結果是：在約書亞領導之下的驚人奇蹟及其消息「傳揚遍地」
（約書亞記 6：27）。

城市：撒但的堡壘

　　為什麼這個故事與行走禱告的推行計畫有關？它的相關性在於
城市代表的意義，以及這樣的策略該如何執行以完成上帝的計畫。

　　根據聯合國人口基金（United Nations Population Fund，簡稱
UNFPA）表示，2008 年是世界歷史上極具里程碑意義的一年。全
世界的城市人口首次超過了鄉村和小鎮。在廿世紀，全世界的城市
人口已從 2.2 億增長到 28 億。截至目前，該數字已經是 33 億，預
計再過幾年將增加到 50 億！在非洲和亞洲，「累積的城市增長⋯⋯
在整個歷史跨度中，將在一世代的時間內呈倍數成長」。到了 2030
年，這些城市的人口將是 2000 年時的兩倍。[3]

　　2013 年，復臨教會召開了為期五天的會議，討論向城市宣教的
挑戰。該報告認為這挑戰並不容易：「對城市的使命似乎是不可能
的。是的，在城市佈道似乎很困難。教友很忙，幾乎沒有時間參與
宣教。生活在都會的眾多人口通常是以物質或影視媒體文化（如好
萊塢）來定義他們的生活。而在城市中，聘請傳教士、支付房租、
購買物業以及在營運上的成本都遠遠高於（其他）鄉村地區。」[4]

而在第三世界的多數城市中，許多人都很貧窮，很多人住在貧民窟，犯罪已是日常生活中的一部分。在已開發國家，生活在城市的人們承受著巨大的壓力；他們住在狹小而昂貴的地方，每天與壅塞的交通或大眾運輸系統拼搏，生活中充滿了不安全感。這些因素都會影響居住在城市的復臨信徒。

事實是，居住在大城市是魔鬼進行各種活動的理想環境。在他手中，犯罪和貧窮是貶低人們並使他們喪失人性的重要工具，使人們感到灰心和絕望。壓力和忙碌使人們分心，無法專注於上帝想賜給他們的事物。不當的娛樂場所太普遍，且不分老少來者不拒。城市裡可以預見各樣的邪惡和自私。沒有人會對這樣的情況感到震驚。大多數的人都麻木不仁，對他人不具同情心，想以同儕壓力抵抗邪惡的效果亦不大。城市使人們變得冷酷無情，不信任他人。諷刺的是，城市裡有這麼多人近距離居住，大多數人在情感上的距離卻很遙遠。城市成為維持陌生關係的理想場所。就像一個擁擠的電梯：空間裡擠滿了人，卻沒人在乎或關心身旁之人的生活。

無論好壞，這就是人們如今生活的地方，而他們正是教會必須接觸的人們。許多參與過城市佈道的人認為，深入城市聖工的關鍵就記載在懷愛倫的聲明之中。該聲明談到，在鼓勵人們跟隨耶穌之前，必須先與人交往、融入人群，對他們有同情心，滿足其需求，然後獲得他們的信任。[5] 換句話說，需要進行的是：愛心關懷事工。

　　然而，此忠告雖然明智，卻需要長期的委身，並要假設信徒能做到鼓勵人們最終跟隨耶穌。而我在許多國家所累積的經驗——迄今為止大約有 70 個國家——都告訴我，大多數復臨信徒並沒有這樣做，而在能夠做到這一點的復臨信徒之中，多數人也不知道該如何幫助人們邁出至關重要的最後一步——相信耶穌。

　　這裡可能的弱點是沒有事先建立愛心關懷事工的基礎。而這項基礎就是祈求聖靈喚醒人們，使他們意識到自己對上帝的需要。世界上正在展開一場真正的戰爭，目的是要爭奪人們的靈魂。撒但和他的盟友了解這一點，因此他們已準備並採取必要行動。[6] 教會也需要了解這一點。

戰爭中的教會

在〈以弗所書〉第6章，使徒保羅描繪了上帝的教會與人類敵人之間的爭戰。我們將在稍後的篇幅中對這段經文進行更詳細的分析，但這裡的重點是教會正預備前進攻佔一座城。是哪一座城市呢？撒但和他的爪牙們站在謊言築起的堅固城牆後方，還有許多受騙的人被困在裡面，無法逃脫。仇敵是強大的：「因我們並不是與屬血氣的爭戰，乃是與那些執政的、掌權的、管轄這幽暗世界的，以及天空屬靈氣的惡魔爭戰。」（以弗所書6：12）我們可以稱這座城市為地獄，它是撒但的堡壘。然而，正如我們在〈約書亞記〉5章14節中所見，耶穌是我們的統帥，祂希望上帝教會的信徒持續前進，直到他們突破城牆為止。祂說：「我要把我的教會建造在這磐石上；陰間的權柄（權柄：原文是門），不能勝過他。」（馬太福音16：18）這只能代表祂的教會正朝著地獄之門前進，而祂的教會將會勝過它！

這是一個美好的應許。教會——基督的追隨者，將刺穿黑暗掌權者築起的圍牆，使他們能夠營救被撒但的謊言和詭計困住的人。但是，我們的武器是什麼呢？我們要用什麼來穿過那些圍牆？保羅認為，「我們爭戰的兵器本不是屬血氣的，乃是在上帝面前有能力，可以攻破堅固的營壘，將各樣的計謀，各樣攔阻人認識上帝的那些自高之事，一概攻破了，」（哥林多後書10：4、5）。

堡壘是防禦用的城，是捍衛珍貴事物的堅強之地。英文的「Fortification」（築城）來自兩個拉丁詞：fortis，意為「強大」，而 facere，意為「製造」。因此，在保羅的比喻中，堡壘是撒但勢力強大之處。但是這些堡壘將因為我們戰爭的武器──「上帝所賜的全副軍裝」而倒塌。我們對保羅所指的特定武器有概念嗎？什麼是「上帝的大能大力」？按照〈以弗所書〉第 6 章的記載，對付仇敵的一種武器是「聖靈的寶劍，就是上帝的道」（以弗所書 6：17）。

你可能想知道：上帝的道與行走禱告之間有什麼關係？其實它們在各方面都有關聯。緊接著〈以弗所書〉6 章 17 節之後，保羅告訴我們要拿起劍，「靠著聖靈，隨時多方禱告祈求」（18 節）。因此，上帝的話是聖靈的寶劍，禱告是我們在聖靈中所做的事。兩者的連結是顯而易見的。最有效的祈禱方式是祈求上帝話語中的應許。這就是在聖靈中禱告的含意，因為聖靈實際上是上帝聖言的作者（彼得後書 1：21）。

愚蠢的策略？

在城市或附近的某個地區走來走去，同時為你所看見的人和隱蔽在門後的人們祈禱，這在表面上看來似乎是一種愚蠢的策略。為什麼不在你家中私下祈禱就好？為什麼不與教會中的其他人一起

為身處黑暗中的人祈禱即可？正如我們將看到的，行走禱告要比為看不見的人祈禱更容易使我們對人產生敏感度。它使我們與人聯繫在一起！對於城牆內的迦南人、甚至對某些行走環繞耶利哥城的以色列人來說，邊行走邊祈禱似乎是一個非常愚蠢的策略，但它奏效了！上帝為我們使事情簡單化，因為祂知道此時成功的能力不在於使用特定策略，而在於我們是否遵從祂吩咐我們所當行的事。

行走禱告的歷史在基督教中屬於近代產物。它源於 1980 年代中期在美國的一些教會。到了 1990 年代，它已成為重要的國際事工，受到有關人員的重視，並在接下來的幾年裡也有許多關於此事工的書籍出版。[7] 有基督徒學生為他們的學校禱告。基督徒商人為城市的同胞禱告。有孩子尚幼的母親們團結在一起，為附近的社區禱告，甚至年長的人也為失喪者走上了禱告之路。當我們一起行走時，祈禱是如此的簡單！但是，魔鬼會竭盡全力勸阻我們說這些方法行不通，它們並沒有真正產生任何影響。

然而它們確實產生了作用。對於以色列人來說，他們在迦南地上的第一個挑戰僅用一週就克服了。這使他們有勇氣繼續前行，去攻佔其他的領土。

幾年前，我和我的妻子在位於北美洲海岸以東、隸屬英國的一個島國百慕達（Bermuda）講了一場道。在我們去那地之前，我就

曾聽說關於該國最著名的公民強尼・巴恩斯（Johnny Barnes）的事蹟。在整個島嶼閒逛之後，我注意到島上只有一個紀念碑，它並不是女王紀念碑，而是獻給當時還健在的強尼・巴恩斯（1923–2016年）。他對小島上所有人都產生了深遠的影響，就連來自其他國家的遊客也想了解強尼・巴恩斯。他被人親切地稱為「快樂先生」（Mr. Happy Man）。甚至還有人拍了一部關於他的電影。

強尼・巴恩斯是忠實的復臨信徒。[8] 他在數十年前受洗，開始了每天凌晨三點左右就與上帝交往的習慣。一天早上，他受聖靈感動，便與島上其他人分享每天從耶穌那裡得到的愛。因此，他來到了島上最繁忙的十字路口圓環（Crow Lane Roundabout），為司機和路人祈求上帝的賜福。他大喊：「我愛你！上帝愛你」！一邊微笑著向他們揮手和送上飛吻。起初，司機們一定認為一個人那樣做是非常突

兀的。這景象真怪！路口怎麼有個傻瓜！但是強尼·巴恩斯日復一日、週復一週、年復一年，將近三十年之久，都會來到同一個地方。從早上五點到十點，他總是在同一地點出現，風雨無阻。

在這些年中，他曾因身體欠佳而被迫缺席了幾次。發生這種情況時，大批民眾會打電話詢問廣播電台：「強尼去了哪裡？」有一次他生病被送往醫院。島上的一些大公司得知此事後，為了爭取支付他的醫藥費還互相吵了起來。他是國家珍貴的資產。我在網上讀

到，曾有一位女士原本臥病在床，但後來決定去工作，因為這乃是她能親耳聽到強尼‧巴恩斯告訴她上帝愛她的唯一方式。另一次，一名產婦由丈夫開車送到醫院去預備生第一胎。當他們來到圓環時，強尼‧巴恩斯正朝另一個方向看，她錯過了他的問候。於是她要丈夫把車調頭，讓她可以聽到強尼‧巴恩斯為她祈求上帝的賜福。當丈夫這樣做時，她覺得寶寶就會平安無事。

當我在那個繁忙的地方拜訪強尼時，他對我說的第一句話是：「你是牧師，對吧？牧師，你知道嗎？耶穌真的很快就要復臨了！」他自己與耶穌相連，因此也試圖使這個世界與祂建立關係。

強尼‧巴恩斯並不是採用一個愚蠢的策略來向世界傳福音。他只是想用愛來接觸他人，即使這種策略不常見也不合常規。但是，他帶來了多麼大的改變！如果你使用谷歌搜索「強尼‧巴恩斯」（Johnny Barnes），那麼你會發現許多關於人們的生命如何因強尼每天早晨站在十字路口而改變的留言。他的策略非常簡單，但是他堅持不懈。而上帝也賜福了他。

那些參與為我們的城市和社區虔誠祈禱和從事行走禱告的人，他們所做的也可能產生很大的變化，即使這樣的策略看來似乎過於簡單，甚至有些愚蠢。

小組討論或個人思考

1 想像自己跟一群以色列人繞著耶利哥城牆行走，看到巨大的城牆倒塌。你有何感想？

2 在了解和回應福音真理方面，你的城市或社區的居民面臨了哪些挑戰？

3 你會對以弗所書 6：10–20 和馬太福音 16：18 暗示教會正在攻破撒但的絕望之城感到驚訝嗎？

4 你如何看待強尼・巴恩斯與他人接觸的策略？

5 你認為在你的城市或社區實施行走禱告，可能會帶來哪些改變？

註釋

1. 我在此特別註明其中的一些證據：首先，從遺址採集的碳 14 樣本可追溯到公元前 1410 年左右，這與《聖經》表明耶利哥城陷落的時間一致。其次，很明顯這座城市的防衛是堅固的。第三，攻城發生在春天，是在收割後被襲擊的（約書亞記 2：6；3：15）。第四，圍城時間很短，不像大多數古代近東的戰爭（約書亞記 6：15，20）。第五，城牆被夷為平地（第 20 節），很可能是由於上帝引發的地震。第六，這座城市被完全燒毀（第 24 節），三英尺厚的灰層就是明證。第七，毀滅之後，耶利哥幾個世紀以來一直無人居住，正如約書亞本人所預言的（第 26 節；王上 16：34）。參閱《安得烈研讀本聖經：新英王欽定版》（Andrews Study Bible：New King James Version），（Berrien Springs，MI：Andrews University Press，2010），270 頁。關於《約書亞記》6 章的註釋另見 Orley Berg，《沙中的寶藏：關於聖經，考古學告訴我們的事》（Boise，ID：太平洋出版社®，1993），128、129 頁。

2. 根據舊約學者理查德‧赫斯（Richard S. Hess）的說法，「領袖的第一次『運動』的結果在古代近東被認為是重要的。……它被認為對建立領導力至關重要。」參閱他的著作：《約書亞記：導論與註釋》（Joshua：An Introduction and Commentary），Tyndale Old Testament Commentaries（Downers' Grove，IL：InterVarsity，1996），136 頁。

3. 見聯合國人口基金，《2007 年世界人口狀況》（N.p.：UNFPA，2007），1，http：//www.unfpa.org/sites/default/files/pub-pdf/695_filename_sowp2007_eng.pdf

4. 邁可‧萊恩和傑瑞‧佩吉，《是時候了：來自城市宣教前線的聲音》，Bettina Krause（馬里蘭州銀泉市：向城市宣教委員會，2015），9、10 頁。

5. 懷愛倫，《論健康佈道》（又名：服務真詮）（華盛頓特區：評閱宣報®，1905），143 頁。

6. 我在這裡並不是在提倡一些靈恩派和福音派團體所說的，為「束縛控制城市的惡魔」祈禱。《聖經》並沒有給我們這個命令；然而，很明顯的是我們必須為那些被邪惡者控制的人代求，祈求聖靈釋放他們，幫助他們看到他們需要耶穌作為救主和主宰。

7. 例如，Steve Hawthorne 和 Graham Kendrick，《行走禱告：用洞察力在現場祈禱》（佛羅里達州奧蘭多市：創造出版社，1993 年）；C. Thomas Wright，《上街祈禱》（喬治亞州阿爾法利塔：北美宣教委員會，1999 年）；Rick Shepherd，《行走祈禱：定義、方法與果效》（佛羅里達州傑克遜維爾：佛羅里達浸信會大會，2000 年）；Randy Sprinkle，《跟我來：行走禱告者的教導》（伯明翰：新希望出版社，2001 年）；以及 Dan Crawford 和 Calvin Miller，《行走禱告》（田納西州查塔努加：AMG Publishers，2002 年）。其中有些資源較著重於為爭戰祈禱，例如 Cindy Jacobs，《掌握敵人的大門：武裝代禱訓練手冊》（密西根州大急流城：Chosen Books，1991）；湯姆懷特，《打破據點：屬靈之戰如何釋放俘虜》（密西根州安娜堡：Vine Books，1993 年）；和 Clinton E. Arnold，《關於屬靈爭戰的 3 個關鍵問題》（密

西根州大急流城：貝克學院，1997 年）。同樣，當我們為失喪的人祈禱時，我們必須注意我們的動機和範圍。上述的書籍並非每一本都表達了清晰的聖經神學，但總括來說它們是有益的。

8.　參見維基百科，〈強尼・巴恩斯〉，最後一次修改於 2020 年 6 月 30 日，https：//en.wikipedia.org/wiki/Johnny_Barnes。具影響力的倫敦報紙《電訊》（Telegraph）在 2001 年的一篇關於巴恩斯的報導中，稱他是「一位忠心的基督復臨安息日會信徒」。另見莎拉・拉根，「快樂的巴恩斯逝世，享年 93 歲」，《皇家公報》，2016 年 7 月 11 日，http：//www.royalgazette.com/news/article/20160711/mr-happy-barnes-dies-at-93，以及「強尼・巴恩斯的遺產」，Hope Heals，2016 年 12 月 6 日，http：//hope-heals.org/2016/12/06/ the-legacy-of-johnny-barnes/。

HOLY BIBLE

第 **3** 章

奉耶穌的名求

　　格雷格・普魯特（Greg Pruett）是一位長期在西非工作的傳教士兼聖經翻譯員。他講述了關於尼日河沿岸某個不知名族群的故事，以及一些傳教士如何找到與他們分享福音的方式。他們中間沒有基督徒，也沒有自己語言的《聖經》，更沒有派遣傳教士到他們的村莊。他們是如此令人感到陌生的族群，以至於在任何資料庫中都找不到他們母語的名稱。普魯特得知曾經有傳教士在 1940 年代來到該族傳教，但政治的因素迫使他們離開這個國家，使那裡的事工停頓了許久。剩下的只有一間小教堂，現在有不同種族的人參加聚會。

普魯特和他的團隊不知該如何展開宣教，因此他們決定以禱告作為他們的外展策略。在為這個未知的族群祈禱、求上帝打開大門一年之後，一名非洲傳教士出現在鎮上放映關於耶穌的電影，該電影的劇本取自〈路加福音〉。兩年內，一些族人開始參加小型的教會活動。不久之後，一名韓國傳教士在附近建立了一所寄宿學校，以接觸這些族人。這一小群新基督徒遭到當地人數較多的穆斯林反對，但信徒仍然堅定不移。後來，一個叫做「聖經先鋒譯者」的組織派一個家庭到村子裡，將《聖經》翻譯成該族人的語言。今天，在數個村莊中都有來自這個特定族群的基督徒。普魯特寫道：「兩千年來，這個族群幾乎沒有受過福音的洗禮，並且多數的教會根本不知道他們的存在。然後一切都變了，不是因為我們想出了一個絕佳的策略，而是我們將禱告作為唯一的策略。」[1]

當你仔細觀察福音書中耶穌的言行時，你會對耶穌努力教導門徒關於信心的祈禱可以動搖上帝的手而感到驚嘆不已。

在《聖經》許多關於祈禱的應許之中，有大部分都來自耶穌。以下表格中的應許以書卷次序排列：

編號	經文出處	應許經文概述	發言者
1	太 7：7-11； 路 11：9-13	你們祈求，就給你們；尋找，就尋見；叩門，就給你們開門。	耶穌

編號	經文出處	應許經文概述	發言者
2	太 18：19	若是你們中間有兩個人在地上同心合意地求什麼事，我在天上的父必為他們成全。	耶穌
3	太 21：22；可 11：24	你們禱告，無論求什麼，只要信，就必得著。	耶穌
4	約 14：13	你們奉我的名無論求什麼，我必成就，叫父因兒子得榮耀。	耶穌
5	約 14：14	你們若奉我的名求什麼，我必成就。	耶穌
6	約 15：7	你們若常在我裡面，我的話也常在你們裡面，凡你們所願意的，祈求，就給你們成就。	耶穌
7	約 15：16	是我揀選了你們，並且分派你們去結果子，……使你們奉我的名，無論向父求什麼，祂就賜給你們。	耶穌
8	約 16：23、24	你們若向父求什麼，祂必因我的名賜給你們。向來你們沒有奉我的名求什麼。	耶穌
9	約一 3：21、22	如果我們對上帝有信心，我們一切所求的，就從祂得著；因為我們遵守祂的命令。	約翰
10	約一 5：14、15	我們若照祂的旨意求什麼，並知道祂會聽我們，我們就有信心，我們會向祂提出要求。	約翰

毫無疑問，這張表中每一個都是令人感到驚訝的應許！如果某位將軍或備受尊敬的屬靈領袖做出相同的承諾，這些諾言將令人訝異。然而，當我們意識到其中大部分乃是由萬王之王和宇宙的創造者做出的應許時，它們就更令人訝異。因為祂從不撒謊——也不可能撒謊（希伯來書 6：18；約翰福音 14：6），所以我們若非完全相信這些應許所體現的價值，就是一股腦地將它們完全放棄。

讓我們更仔細地分析這些經文。若仔細閱讀會發現這些應許有五個組成要素：權威、管道、範圍、條件和確定性。我們將在本章中討論前兩個要素，也在接下來的一章中討論其餘部分。

權威：奉主的名

在上一頁列出的應許之中，有一半是耶穌與門徒度過在世上最後一次逾越節的夜晚時賜下的。在其中的四個應許中，耶穌談到「奉我的名」禱告。奉耶穌的名禱告是以祂的功勞、名譽和權柄為根基。耶穌以天父的名義來到這個世界（約翰福音 5：43；10：25），作為人類在上帝面前的代表（約翰壹書 2：1；希伯來書 7：25）。耶穌是在十字架上為世界的罪孽付出代價、為所有人提供救贖的那一位（提摩太前書 2：1-4）。祂是父所愛的那一位，因為祂為我們捨命。祂說：「我父愛我；因我將命捨去，好再取回來。」（約翰福音 10：17）

　　當我們在禱告中親近上帝時，我們應該奉耶穌的名，而不是憑我們自己的功勞（或實際上是過失）。奉耶穌的名來到父那裡，祂的名使我們能夠立即見到宇宙之神（希伯來書 4：15、16）。耶穌的名是如此強大，以至於猶太領袖明令禁止使徒以祂的名服事（使徒行傳 4：18；5：40），他們擔心說出耶穌的名字會徹底改變局勢！「奉耶穌的名」禱告不僅僅是一句在平常禱告結束時附加的話。奉耶穌的名禱告可以把大山挪開（馬可福音 11：22-24）！「奉耶穌的名」是一個絕對有效的措辭，是一種強大的武器。每次敵人想要影響、介入或侵犯時，我們只需要「奉耶穌的名」叫他離開，就必實現。[2] 耶穌的名字來自希伯來語「Yeshua」，意思為「得救」，因此奉耶穌的名禱告就意味著加入上帝拯救人類的使命。我們有責任奉祂的名執行這項任務。

　　提到耶穌的名字就是提及祂愛的品格與能力。當摩西懇求上帝向他展示祂的榮耀時，上帝回答：「我要顯我一切的恩慈，在你面前經過，宣告我的名。我要恩待誰就恩待誰；要憐憫誰就憐憫誰。」（出埃及記 33：19）。這就是為何神學家威廉・巴克萊（William Barclay）說：「**祈禱的考驗是：我能奉耶穌的名做到嗎？**」[3] 我們絕不會為了報復得罪我們的人而祈禱，也不會為了增強我們的自尊心或可以表現得比別人優越而祈禱。我們本能地知道這不是上帝的品格──祂不會垂聽這樣的要求。奉耶穌的名禱告就是根據祂的品格禱告，換句話說，就是按照祂的思維和行動方式禱告。奉祂的名禱告是一種帶著與生俱來之權威而做的禱告。

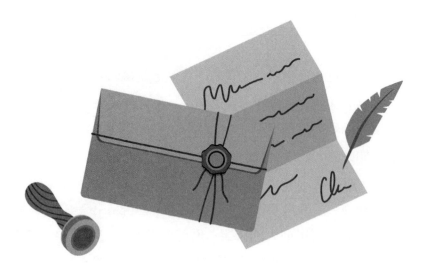

　　想像身處古代世界，兩個國家正在交戰。我們將一個國家命名為「高國」，而將另一個國家稱為「低國」。假設高國國王的兒子叫約翰，此時被敵人低國打傷並俘虜了。低國的一位農民同情約翰王子，冒著極大的生命危險照顧治療他的傷。與此同時，有消息傳來，這個農民的兒子湯姆在戰場上同樣被高國的士兵俘虜。農民渴望覲見敵方的國王並為他的兒子湯姆請命。但他只是一介農民——在國王的宮廷中是一個「無名小卒」——而且，他還是高國國王的敵人！這位父親永遠無法越過敵營的第一線。他沒有任何成功的機會。

　　當農民照顧約翰王子時，年輕的王子得知了農民的困境。他要來了筆和紙，寫了一封信給他的父王，即高國的國王。他用皇家印章封緘這封信，然後吩咐那人去覲見他的父親。到達敵軍陣線後，農民拿出帶有約翰王子印記的信件。農民鼓起勇氣說：「我奉國王

兒子的名前來──這是他的信。」敵人隨即讓他通過。在每個檢查
站，都發生同樣的事情，因為王子的授權，農民得以通過。到達國
王的城門後，他再次出示了國王兒子的信獲准進城。最後，農民終
於到達了皇宮。農民在國王面前鞠躬，並將約翰王子的信遞給國王。
國王閱讀了自己兒子顫抖的筆跡，得知眼前的這個農民一直在照顧
王子的性命。王子隨後在信中要求釋放農民的兒子湯姆。

　　你認為國王（父親本人）會怎麼做呢？國王愛他的兒子，他很
高興地同意了兒子為這個陌生人提出的要求。是他的兒子要求釋放
湯姆，這要求不是來自敵人陣地上的「無名小卒」。另外，國王現
在愛他眼前的農民，因為是他救下了王子的性命。

　　這個故事充分說明了奉耶穌的名禱告是何種情形。耶穌就像故
事中的王子一樣，已經做了確保我們得救的一切。祂是在我們的聖
父面前擁有至高地位的那一位。因此，靠著耶穌的權柄；換句話說，
奉耶穌的名，我們可以大膽地親近上帝──國王，提出我們的要求。
上帝一定會應允。因為這些請求得到了祂兒子的支持。懷愛倫寫道：
「奉基督的名，祂的跟隨者應在禱告中站在上帝面前。透過為他們
做出的犧牲，他們在主看來是有價值的。因著基督的公義，他們被
認為是寶貴的。」[4] 奉耶穌的名禱告意味著我們可以來到施恩寶座
前（希伯來書 4：15、16）。

管道：耶穌的朋友

在〈約翰福音〉15 章 16 節中，我們讀到：「你們奉我的名，無論向父求什麼，祂就賜給你們。」但是這節經文有個前提。耶穌向門徒保證，祂愛他們就像天父愛他們一樣（第 9 節）。然後祂指示他們「要彼此相愛」，就像祂愛他們一樣（第 12 節）。「人為朋友捨命，人的愛心沒有比這個大的。」祂補充道：「你們若遵行我所吩咐的，就是我的朋友了。以後我不再稱你們為僕人，因僕人不知道主人所做的事。我乃稱你們為朋友；因我從我父所聽見的，已經都告訴你們了。」（13–15 節）希臘文 douloi 一詞翻譯成「僕人」，其字面意思是「奴隸」。

被稱為國王的奴隸並不可恥。摩西自稱是耶和華的奴隸（申命記 34：5），約書亞也是如此（約書亞記 24：29）。大衛成為國王後也這樣行（詩篇 89：20）。《新約聖經》的所有作者都做過同樣的事：保羅稱自己為耶穌基督的奴隸（羅馬書 1：1；提多書 1：1），彼得也照樣行（彼得後書 1：1）。此外，雅各（雅各書 1：1）、耶穌的兄弟猶大（猶大書 1）和啟示者約翰（啟示錄 1：1）也是如此。《聖經》中的人物樂意將自己視為上帝的奴隸。但耶穌在這裡說：「以後我不再稱你們為僕人（奴隸）……我乃稱你們為朋友」（約翰福音 15：15）。

　　當我們帶著我們的請求來到上帝面前時，祂不會視我們為陌生
人，因為我們奉耶穌——國王之子和我們的朋友的名義而來。古代
君王會與一群被朝廷稱為「國王友人」的特定人物往來。國王在與
將軍或別國元首進行磋商之前，通常會先與他們談話。這些都是他
所信任的人。他們可以隨時探望國王，甚至可以一早進入國王的寢
室。國王會聽他們的話。成為國王的朋友有極大的特權。[5]

　　在《聖經》中，亞伯拉罕被稱為「上帝的朋友」（雅各書 2：
23）。我發現與我們討論的主題相關、且十分有趣的地方是，亞伯
拉罕乃是一流的代禱者，他使羅得和他的女兒免於所多瑪和蛾摩拉
的毀滅（創世記 18：16-32；19：1-29）。上帝應許賜他土地——
他走過的每一個地方。上帝對他說：「你起來，縱橫走遍這地，因
為我必把地賜給你。」（創世記 13：17）

　　我們因為耶穌得以成為國王的朋友。上帝會垂聽我們的禱告。
祂渴望傾聽我們的聲音，並給予我們任何與祂兒子品格相符的恩
惠。在耶穌基督裡，我們可以與上帝有親密的接觸！儘管如此，我
們還是經常禱告得像是我們對上帝而言是陌生人一般——彷彿祂不
知道我們是誰。

　　當上帝回應禱告時，就連早期教會也感到驚奇。彼得被判入獄
並判處死刑時，馬利亞家中的信徒懇切地為彼得的釋放禱告。「整

個教會進行禁食和祈禱。」[6] 死刑的執行被推遲到逾越節之後，信徒們期待他們的祈禱得蒙垂聽。他們在執行死刑的前一晚整夜禱告。還記得後來發生了什麼事嗎？一位天使拜訪了彼得，天使解開了他的鎖鏈，帶他走過十六名完全沒有察覺到他離開的獄卒。一離開監牢，彼得就去了聚會點，信徒在那裡為他祈禱。在門口看見他的女孩宣布了彼得的到來，但祈禱的人卻不相信！（使徒行傳 12：1–16）當上帝回應我們的祈禱時，我們為何會感到驚訝呢？我們是上帝兒子的朋友呀！我們難道不希望上帝仁慈地回應我們的禱告嗎？

五旬節那天，有三千人奉耶穌的名受洗（使徒行傳 2：41）。幾天後，一位癱瘓者奉耶穌的名痊癒了（使徒行傳 3：6；4：10）。保羅之所以成為福音的捍衛者，是因為他奉耶穌的名講道（使徒行傳 9：26、27）。撒但利用一位婦女來攻擊保羅的事工，但保羅奉耶穌的名驅除了她身上的魔鬼（使徒行傳 16：16–18）。為生病之人抹油禱告也可以奉耶穌的名（雅各書 5：13–15）。到了末世，當罪惡和罪人在全宇宙面前被揭露時，所有人——包括耶穌的宿敵撒但，都要因祂的名屈膝（腓立比書 2：9–11）。凡求告主名的，就必得救（羅馬書 10：13）！

奉耶穌的名，大有能力，而且是非常、非常大的能力！

小組討論或個人思考

1 當你看到本章表格中列出的祈禱應許時，你有什麼想法？

2 你對於「奉耶穌的名」祈禱可能的涵義有何見解或更進一步的觀點？

3 約翰王子的故事，以及他為農民被俘的兒子請命的信，以何種方式揭示了上帝和祂的行事作風？

4 我們即使以耶穌的忠實僕人（奴隸）為名也會感到高興，耶穌卻稱我們為祂的朋友，這對你而言意味著什麼？

5 討論成為「萬王之王的朋友」的含義。

6 依你的看法，你認為亞伯拉罕為什麼會被稱作是上帝的朋友？

註釋

1. 格雷格‧普魯特，《激進的祈禱：上帝回應不可能的禱告》，（Carol Stream，IL：Tyndale Momentum，2014），15-19 頁；重點強調。
2. 我應該將這一想法歸功於 Bernard M. Lall 的著作《祈禱：天堂在我們處置時的無限力量》（Berrien Springs，MI：Geetanjali Publishers，1987），26 頁。
3. 威廉‧巴克萊，〈約翰福音〉卷 2，《每日研讀聖經系列》（賓夕法尼亞州費城：威斯敏斯特出版社，1975 年），165 頁。
4. 懷愛倫，《歷代願望》（密西根州戰溪：評閱宣報®，1898），667 頁。
5. 巴克萊，《約翰福音》卷 2，177、178 頁。
6. 懷愛倫，《使徒行述》（華盛頓特區：評閱宣報®，1911），144 頁。

HOLY BIBLE

第 4 章

無論求什麼？

　　奉耶穌的名祈求包含了很多能力。當我們向全能的上帝提出要求請祂執行時，祂慷慨地允許我們分享祂的能力。在我想像中，奉耶穌的名祈求和創造的行為是很接近的──沒錯，我指的就是宇宙的創造。在很久以前上帝的話語就透過物質的爆炸、原子、能量和光去創造了數十億個星系──這都是奉耶穌的名完成的（歌羅西書1：16）。「諸天藉耶和華的命而造；萬象藉他口中的氣而成。因為他說有，就有，命立，就立。」（詩篇 33：6，9）當我們奉祂的名禱告時，可以獲得的力量就是如此強大。

在上一章中，我們檢視了兩個奉耶穌之名禱告的要素——權威與管道。在本章中，我們將討論另外兩個要素。

範圍：祈求任何事情

或許關於耶穌對禱告的應許最讓我們難以置信的是，祂鼓勵我們祈求「任何事情」（Anything）。祂使用的另一個不太可能的詞是「無論何事」（Whatever），例如「你們奉我的名無論求什麼，我必成就……你們若奉我的名求什麼，我必成就」（約翰福音 14：13、14）。或「不是你們揀選了我，是我揀選了你們，並且分派你們去結果子，叫你們的果子常存，使你們奉我的名，無論向父求什麼，他就賜給你們」（約翰福音 15：16）；這些都是驚人的承諾。

當我們要求的很少時，這就表明我們相信上帝太弱小了，無法成就任何更大的事。然而，根據耶穌的說法，這事即使在天上也沒有極限。實際上，這說法也只是以我們身為人類能到之高處作為參考點。〈約翰福音〉14 到 16 章中，關於我們向上帝的請願，顯然是無限的，是基於耶穌在提到禱告之前的經文中所作的陳述。祂說：「我實實在在的告訴你們，我所做的事，信我的人也要做，並且要做比這更大的事，因為我往父那裡去。」（約翰福音 14：12）。耶穌醫病、趕鬼，並使人復活。我們有可能做得到比這些更大的事嗎？

　　成就更大的事、觸及範圍更廣，因為它涉及了全體信徒的祈禱，
而不僅僅是一個人的祈禱。早期的新約教會證明了這一點。彼得和
約翰醫治了一個天生殘疾的人（使徒行傳 3：1–10）。保羅趕鬼和
醫病（使徒行傳 16：16–18；19：11、12），彼得和保羅也叫人從
死裡復活，就像耶穌一樣（使徒行傳 9：36–42；20：7–12）。「主
藉使徒的手在民間行了許多神蹟奇事」（使徒行傳 5：12）。不僅
藉著使徒，「司提反滿得恩惠、能力，在民間行了大奇事和神蹟」
（使徒行傳 6：8）。同樣地，「腓利下撒馬利亞城去，宣講基督。
眾人聽見了，又看見腓利所行的神蹟，就同心合意的聽從他的話。
因為有許多人被污鬼附著，那些鬼大聲呼叫，從他們身上出來；還
有許多癱瘓的、瘸腿的，都得了醫治。在那城裡，就大有歡喜」（使
徒行傳 8：5–8）。他們所成就的確實是更大的事！

　　最近我看到了一個關於上帝的大能藉著禱告成就的非凡故事。
鮑勃‧亨特（Bob Hunter）是一名住在華盛頓特區、在政府部門工
作的人員。他是個剛受洗不久的基督徒，試圖理解耶穌在《聖經》
中所作的一些在常人看來極誇張的應許。有一天，他問他的朋友道
格‧科（Doug Coe），[1]「道格，你真的相信《聖經》說我們禱告
可以移山嗎？」他的朋友想了一會兒，然後回答：「那是當然。」
但他隨即補充說，這句話需要結合《聖經》關於禱告的其他事情背
景來理解；不過，是的，移山也是上帝回應禱告的答案。

烏干達

鮑勃決定應該為一件大事禱告。他決定為非洲祈禱。道格建議也許從一個國家、而不是整個非洲大陸開始！於是鮑勃選擇了烏干達。為了鼓勵他的新基督徒朋友，道格決定讓這件事變得更加有趣。他說：「我跟你約定，為烏干達祈禱 45 天——連一天都不可少——在第 45 天結束時，你需要判斷該國是否發生了重大事件。如果有重大改變發生，你付給我 500 美元。但是如果你認為當你祈禱六個星期後，烏干達沒有發生任何變化，你告訴我，我會毫無異議地給你500 美元！

鮑勃接受了條件並每天祈禱：「上帝，請幫助非洲。幫助烏干達！」記住，他是一位受洗不久的基督徒。他的禱告很簡單但是充滿信心。接下來故事持續發展，在第 32 天，他正在華盛頓參加一場

大型晚宴，坐在一位老婦人旁邊。他發現她住在烏干達並在那裡經營一個孤兒院。鮑勃開始問她許多關於烏干達和她的事工的問題。她問他為什麼對烏干達如此感興趣。他略帶尷尬地告訴她有關《聖經》經文的故事和他朋友的約定。那婦人於是邀請他去參觀孤兒院，他也接受了邀約。

鮑勃的心因烏干達孤兒的困境深受觸動。回家之後，他無法擺脫在他腦海中浮現、當地對基本衛生保健生活的需求。他開始與製藥公司聯繫，設法協調運輸給烏干達價值超過 100 萬美元的醫療物資。孤兒院的那個婦人打電話來感謝他，問他是否可以再來參加特別的感謝儀式。同時，烏干達總統聽說了他為孤兒院所做的善舉，他邀請鮑勃去拜訪他。總統邀請他到城裡遊覽。在路上，鮑勃注意到一個牧場，裡面有許多人似乎生活在惡劣的條件下。他被告知他們是政治犯。鮑勃發自內心衝口而出道：「這樣的做法很不好。你必須釋放他們。讓人活在這種環境下是不對的！」

鮑勃‧亨特回到家一週後，他又接到了一通來自美國國務院的電話。他們代表美國政府感謝他。他幾天前見過的政治犯被釋放了，美國政府多年來一直敦促烏干達這樣做，但沒有成功。幾個月後，烏干達總統在成立新政府時要求鮑勃過去為他祈禱。他希望在此過程中得到上帝的指導，他希望鮑勃在場。[2]

　　我們可以把這樣的事蹟當作是對禱告有重大意義的回應嗎？我會說：「是的！」影響一國的總統，繼而對世界上最強大的外交造成影響，的確是意義非凡！我認為道格別無選擇，只能付給鮑勃500美元。這一切都是源於一個人決定為一件事情禱告，不管那件事有多大──就算涉及整個國家也罷，好像上帝能做的事情沒有限制。確實，上帝的作為是沒有窮盡的。

　　同樣，上帝的教會奉耶穌的名所能完成的工作也是不受限制的。這代表上帝對於「任何事情」或「無論何事」的應許，但它絕不是一種對任性祈禱的邀請。我們必須按照上帝的旨意，並以實現祂在世上的目的來祈禱。「門徒的祈禱必蒙垂聽，因為他們屬於基督。與耶穌團結在一起，門徒只祈求符合祂旨意的祈禱。正式奉祂的名源於與祂的真實聯繫。」[3]

確定性：禱告蒙垂聽！

　　耶穌應許的另一個要素是我們的禱告蒙垂聽的確定性。請再次閱讀這些應許：「你們祈求，就給你們；尋找，就尋見；叩門，就給你們開門。因為凡祈求的，就得著；尋找的，就尋見；叩門的，就給他開門。」（馬太福音7：7、8；參48頁）。耶穌向我們保證，**每一個出於信心、按照祂的旨意祈求的人都會得著！此應許並非保留給屬靈的菁英或神學造詣深厚之人；它乃是給所有求告祂的人。**

　　在列表中的每節經文都說明了確定性（參 48-49 頁）。「你們奉我的名無論求什麼，我必成就……你們若奉我的名求什麼，我必成就。」（約翰福音 14：13、14）「凡你們所願意的，祈求，就給你們成就。」（約翰福音 15：7）「無論向父求什麼，他就賜給你們。」（16 節）換句話說，凡你所求的，祂都有能力賜給你，「如今你們求，就必得著，叫你們的喜樂可以滿足。」（約翰福音 16：24）這些應許顯示耶穌對此沒有絲毫猶豫。祂保證一切的祈求都會蒙垂聽！

　　我個人最喜歡的是這段經文：「我又告訴你們，若是你們中間有兩個人在地上同心合意的求什麼事，我在天上的父必為他們成全。因為無論在哪裡，有兩三個人奉我的名聚會，那裡就有我在他們中間。」（馬太福音 18：19、20）請注意，耶穌首先說「我又告訴你們」；顯然，祂以前曾提到過這一點，但也許這個應許太神奇了，以致祂的門徒很難相信。祂需要重申祂的應許。

　　接下來的章節是對信心的挑戰：「所以我告訴你們，凡你們禱告祈求的，無論是什麼，只要信是得著的，就必得著。」（馬可福音 11：24）大多數人讀了這段文字後會搖搖頭，認為這段話不可能是字面上所說的意思。一些讀者認為這是誇飾的說法，是一種象徵性的表達方式，不能從字面上理解。然而，當我們查看這段話的上下文時，我們意識到耶穌正在回應一個事實，即祂咒罵一棵無花果樹，而它確實枯萎了！這就是為什麼祂繼續說：「你們當信服上

帝。我實在告訴你們，無論何人對這座山說：『你挪開此地，投在海裡！』他若心裡不疑惑，只信他所說的必成，就必給他成了。」（第22、23節）耶穌在此所說的難不成是一座想像的山嗎？許多人都這麼想。他們認為耶穌必定是將個人問題，當成了需要移開的「山」。但是，當祂講這些話時，祂正站在耶路撒冷的一座山上，並被其他山所環繞！

現在，請別忘了——信心和以臣服的心祈求上帝的旨意，是得著如此奢侈之祈禱的回應條件。我們將在下一章中重新探討這一部分。但是，如果這些條件得到滿足，耶穌說一切皆有可能。難道約書亞不能透過禱告阻止太陽落山，直到他完成主的戰爭（約書亞記10：12-14）？就原始物理學和天文學而言，在不造成地球乃至整個太陽系災難的情況下，約書亞的祈求要得到回應幾乎是不可能的。然而，它卻成真了！耶穌在〈馬可福音〉11章24節這段經文中強調的重點是要相信——凡你們禱告祈求的，無論是什麼，只要信是得著的，就必得著！懷愛倫寫道：「祂所應許的任何恩賜，都寄存在那應許本身之中。正如橡樹一定在橡子裡面，照樣，上帝的恩賜也確然在祂的應許之中。我們若接受應許，便具有了恩賜。」[4]

想要求上帝的應許時，我們必須記住兩件事：第一，**這些應許的背景都必須與上帝在世上的聖工有關**。這些應許與教會負起對垂死世界傳福音的使命有關。我們不能將這些美好的應許用於個人

利益。例如，上帝不太可能回答這樣的禱告：「上帝，我希望祢在角落放一包口香糖，讓我帶回家！」除非這個要求與履行大使命有關！「耶穌答應回應某些類型的祈禱，包括那些符合祂對世界計畫的祈禱。」[5]

需謹記在心的第二點是：**要為具體的事禱告**。當耶穌示範如何禱告時，它是由具體細節組成的（馬太福音 6：9-13）。當祂告訴教會該為什麼祈禱時，祂提到了一些具體的事情，例如為那些逼迫我們的人（馬太福音 5：43、44），祈禱不要陷入試探（馬可福音 14：38），祈禱接受聖靈（路加福音 11：9-13），或祈禱更多的工人參與上帝的使命（馬太福音 9：36-38）。

談到上帝在世界上的使命時，我們在教會經常做一般性的禱告。我們說「賜福傳道人」或「願許多人認識祢」。一般性的禱告似乎較安全，因為沒有人能證明禱告有無得到回應！在世界的某個地方，或許確實有一些傳道人蒙福，有些人認識了基督，但我們不知道是誰。

但這種禱告不是真正從上帝的角度思考，而是從我們自己的角度思考。籠統的祈禱會阻礙我們對上帝的信心。我們對祂的期望越來越少。由於祈禱是如此籠統，我們很快就會忘記禱告的內容，或更糟糕的是，我們不會費心尋找答案。因此，我們應該祈求讓 50 個人參加我們的福音培訓班，或者祈求 15 個人決定受洗並成為祂的門徒，而不是單單祈求在我們的教會裡傳福音。然後我們將會知道上帝是否真的回應禱告。[6]

小組討論或個人思考

1 討論本章首頁的陳述：「當我們要求很少時，這表明我們相信上帝很渺小，無法成就更大的事！」你是否經常認為這是真的？

2 你對鮑勃為烏干達祈禱的見證有何感受？

3 反思耶穌在約 14：13、14；15：7，16 以及太 18：19、20 中看似誇大的應許。你如何看待它們？

4 約書亞為什麼要在上帝的授權下命令太陽靜止不動，直到整場戰役結束？

5 當我們要求得到上帝的應許時，我們必須記住哪兩件事？

註釋

1. 道格拉斯‧埃文斯‧科（Douglas Evans Coe）是一個名為「The Fellowship」的基督教組織的主要領導人之一。他們與政治家和其他領域的領導人建立聯繫，在他們的生活和工作中鼓勵基督教價值觀。該團契組織了美國著名的年度全國祈禱早餐會，許多參議員、國會代表、商人以及自德懷特‧艾森豪以來的每一位美國總統都參加了該活動。2005 年，科被《時代》雜誌評為美國最具影響力的二十五位福音派人士之一。參見維基百科，「Douglas Coe」，最後一次修改於 2020 年 3 月 26 日，https://en.wikipedia.org/wiki/Douglas_Coe。

2. 我的描述源於 Doug Nichols 所寫的文章〈烏干達，一個賭注，一個祈禱〉，《透視永恆事工》（Eternal Perspective Ministries），1998 年 3 月 16 日，https://www.epm.org/resources/1998/Mar/16/ uganda-bet-and-prayer/。另一個敘述版本出現在約翰‧奧伯格的《行在水面上》（密西根州大急流城：Zondervan，2001 年），第 91-93 頁。在他的書中，這個國家是肯亞。事實證明鮑勃‧亨特多年來與烏干達、肯亞和南非的高層領導人都建立了重要關係。

3. 丹尼爾 B. 史蒂維克，《耶穌與祂自己：約翰福音第 13-17 章註釋》（密西根州大急流城：William B. Eerdmans，2011），138 頁。

4. 懷愛倫，《教育論》（華盛頓特區：評閱宣報®，1903），253 頁。

5. 格雷格‧普魯特，《激進的祈禱：上帝回應不可能的禱告》（Carol Stream，IL：Tyndale Momentum，2014），24 頁。

6. 我感謝格雷格‧普魯特的其中一些見解。請參閱他的著作《激進的祈禱》，71-74 頁。

HOLY BIBLE

第 5 章

「有求必應」之祈禱的條件

　　上帝透過捨己之愛的法則來統治宇宙。[1] 罪進入世界後，它破壞了人和上帝的共生關係（以賽亞書 59：2），使世人變成以自我為中心的生命。此舉觸發了「在創世以前是預先被上帝知道的」（彼得前書 1：20）上帝的計畫，該計畫就是派遣上帝的兒子去過亞當曾擁有、後來卻失敗的完美生活，並為亞當和其他人類承受他們本應得的第二次死亡（羅馬書 6：23；創世記 3：15）。與此同時，上帝以祂無限的愛與智慧打造了一條回歸之路，使我們儘管有罪，也可以回到祂身邊──這是祂與我們之間的生命線：這生命線被稱作「祈禱」。但因為我們生活在善惡之爭的巨大衝突中，所以蒙垂聽的祈禱是有條件的。否則，撒但會指控上帝反覆無常且有差別待遇。

在本章中，讓我們深思上帝的應許中闡明的一些條件。請注意，在第三章的表格中，十個奇妙應許中有七個包含了「若」這個詞。**首先，「你們『若』奉我的名求什麼，我必成就。」**（約翰福音14：14）換句話說，如果我們相信上帝真的可以賜予我們任何東西，無論那看起來有多困難、幾乎不太可能或看似根本不可能，我們都必須提出祈求！**其次，「你們若向父求什麼，祂必因『我的名』賜給你們」**（約翰福音16：23），這是我們已經討論過的問題。這兩個條件非常明顯——接下來的幾個條件則需要更加用心的思考。

信心

見證這些應許得以實現的第三個條件是信心。耶穌說：「所以我告訴你們，凡你們禱告祈求的，無論是什麼，只要信是得著的，就必得著。」（馬可福音11：24）沒有信心，禱告根本行不通。沒有信心的禱告無法達到上帝的面前。沒有信心，上帝的祈禱就成了沒有聆聽者的抱怨或請願，因為禱告與上帝聯繫的基本條件就是對祂的信任。這就像將電子郵件發送到我們已知不存在的地址一樣。郵件迷失在網路空間中，甚至可能不會回覆至你的電子信箱。我們不希望我們的祈禱發生同樣的情況。這在《聖經》中是非常顯而易見的。「人非有信，就不能得上帝的喜悅；因為到上帝面前來的人必須信有上帝，且信他賞賜那尋求他的人。」（希伯來書11：6）

安德魯‧範‧德拜爾（Andrew van der Bijl）──很多人稱他為安德魯弟兄，他幾年前在基督教界廣為人知，因為他領導一組傳道士，於蘇聯共產主義時期在鐵幕禁錮下走私《聖經》。有一次，東德當局抓獲了幾個事工團隊，沒收了數千本聖經。安德魯弟兄不明白為什麼上帝之前一路奇蹟般地使《聖經》順利通關，這次卻不能如他們所願。他祈禱並尋求上帝的回答，但答案始終沒有到來。即使他停止祈求解釋，他仍然相信有一天上帝會為他解決所有的難題。許多年過去了，在柏林圍牆倒塌幾個月後，他在報紙上讀到東德祕密警察一直在儲存他們從團隊那裡沒收的所有俄羅斯語《聖經》，現在已經將它們全數運送到俄羅斯的基督教教堂！兩萬本《聖經》被送往俄羅斯。一本都沒有落下！[2]

無論我們是否能夠看到預期的結果，信心都必須建立在對上帝的信心之上，否則，它就是對事物的信心，而不是對上帝的信心。有時，基督徒會籠統而猶豫的禱告，因為他們的信心是如此脆弱，以至於如果他們得知某個特定的禱告得不到預期回應時，信心就會消失。

不久前，一位著名的聖經學者寫道：「**我們不應該對『任何』這個奇妙的詞輕描淡寫。耶穌既然如此說了，祂就是認真的。**」[3]是的，耶穌就是說到做到，從心底真正相信耶穌所說的是我們無限

的特權，因為我們相信祂！在之後的篇幅之中，我們將討論更多有
關信心和祈禱的問題。

依靠

　　祈禱的第四個條件是對上帝的依靠。為了期待從祂那裡得到
「任何事」，我們首先必須依靠祂。耶穌說：「你們若常在我裡面，
我的話也常在你們裡面，凡你們所願意的，祈求，就給你們成就。」
（約翰福音 15：7）耶穌用葡萄樹及其枝子之間的關係作為比喻。
祂是葡萄樹，我們是枝子。為了結出果實，枝子必須牢牢地依附在

葡萄樹上。如此行的做法之一就是認真對待上帝的話。祂的話必須要深深地留在我們的心中。「向上帝所提出的、有效的祈禱，最終亦從祂而來」[4]——即來自上帝的話語。

　　幾年前，我讀到有一個人把上帝的話重覆說給上帝聽，其效果非常顯著。她的名字叫柯麗・鄧・波姆（Corrie ten Boom），是一位荷蘭婦女，在第二次世界大戰期間，她曾經在納粹手下飽經苦難，但在此過程中她的信仰越發堅定。後來她從事的戰後事工偶然出現嚴重困難時，她會與其他志同道合的人一起祈禱。這些人記得她曾如此說過：「主！祢必須做點什麼！沒有時間可以浪費了」！然後，她會非常具體地告訴上帝她的請求，就像在跟一個可信賴的朋友說話一樣。她對上帝毫無保留！通常在這些禱告會中，她會拿起《聖經》，找到上帝的應許，然後再讀給祂聽。就像律師在法官面前說明案件一樣，她將《聖經》高高舉起，指著經文，得意洋洋地說「主啊，看這裡，自己讀一遍！」[5]

　　像柯麗・鄧・波姆那樣的祈禱，在全能的上帝面前是不是缺少了該有的尊重？但從反面來說，她對上帝的應許採取絕對信任的態度，這表明了她是多麼願意依靠祂。這是上帝所喜悅的（希伯來書11：6）。這不是將自己置於上帝之上；這說明了我們想要跟隨祂，但我們需要祂帶領。

　　然而，**我們必須牢記，對上帝的依靠也意味著在上帝面前的堅持**。懷愛倫明確表示，禱告蒙應允的條件是堅持。在信心上成長是必要的。[6] 堅持禱告而沒有立即獲得明顯而迅速的答案是一種福氣。如果上帝像自動販賣機那樣回應——投錢，拿糖果——我們就會更相信這是因著我們祈禱的功勞，而不是因我們的上帝回應了我們。我們會冒著自負和屬靈傲慢的風險。等待祂可以幫助我們學習謙卑。[7] 因此，當我們依靠上帝時，我們還必須相信祂的時間表。

照祂的旨意求

　　第五項條件與第四項密切相關。如果我們的要求和上帝已知、將對我們有害的事情相符，祂就不會答應我們的要求。那會使祂成為一個不稱職的父親。當我們按照祂的旨意提出對我們有益處的要求時，祂就會同意。使徒約翰對這點的理解很透徹。他說：「我們若照他的旨意求什麼，他就聽我們，這是我們向他所存坦然無懼的心。既然知道他聽我們一切所求的，就知道我們所求於他的，無不得著。」（約翰壹書 5：14、15）我們可以確定上帝垂聽我們的祈禱並且會回應的原因是：我們祈禱乃是按照祂既定的旨意。在下一章中，我們將更詳細的探討這段經文。

　　最近，我研究《聖經》如何說明上帝的旨意。我發現了至少有

15 個明確的陳述。當我分析時，我意識到所有的陳述可以分為四大類：一、上帝對我們成聖的旨意；二、上帝對於基督徒選擇的旨意；三、上帝對我們得救的旨意；以及四、上帝對祈禱的旨意！[8] 是的，《聖經》中表達上帝的旨意，有一整個類別都是關於我們的禱告生活！

　　說到按照上帝的旨意祈禱，使徒約翰以令人安慰的口吻寫道：「親愛的弟兄啊，我們的心若不責備我們，就可以向上帝坦然無懼了。並且我們一切所求的，就從祂得著；因為我們遵守祂的命令，行祂所喜悅的事。」（約翰壹書 3：21、22）祂並不是說無論我們求什麼，我們就「有可能」會從祂那裡得到，而是我們「確實」將從祂那裡得到！約翰為什麼能發表如此撼動人心的聲明？他說：「因為我們遵守祂的命令」，而且因為「我們的心若不責備我們」。換句話說，如果我們有意識地持續一種違背上帝誡命的罪，我們就無法在上帝面前充滿信心地祈禱。如果我們沒有自信，我們就無法抱持著信心來祈禱。如果我們沒有信心而祈禱，那麼這樣的祈禱是沒有用的。原因很簡單：我們的良心提醒我們，上帝與我們之間存在重大障礙──它被稱為罪。這就像一個人努力愛自己妻子的同時，卻與另一個女人有外遇。這是行不通的。我們的罪惡感總是伴隨著我們。我們三心二意。這就是為什麼詩人在〈詩篇〉宣稱：「我若心裡注重罪孽，主必不聽。」（詩篇 66：18）

合一

欲藉著禱告獲得任何東西並我們所要求的一切，其最後一個條件乃是合一。主對教會說：「我又告訴你們，若是你們中間有兩個人在地上同心合意地求什麼事，我在天上的父必為他們成全。因為無論在哪裡，有兩三個人奉我的名聚會，那裡就有我在他們中間。」（馬太福音 18：19、20）

多麼了不起的承諾！然而，條件是很明確的：要一起祈禱，並同心祈禱。這就是耶穌離開世上時給門徒的挑戰。祂告訴他們留在耶路撒冷，等待聖靈的沛降，以便有效地執行大使命（路加福音 24：49；使徒行傳 1：4，8）。耶穌升天之後，祂的追隨者在聖殿裡度過一段時間（路加福音 24：53），他們聚在一起，以耶穌的名義向天父提出他們的要求。他們莊嚴敬畏地祈禱，重複著應許的保證說：「你們若向父求什麼，祂必因我的名賜給你們。」（約翰福音 16：23）[9]《聖經》說：「這些人同著幾個婦人和耶穌的母親馬利亞，並耶穌的弟兄，都同心合意地恆切禱告。」（使徒行傳 1：14）

很難得看到這群人自然而然地一起禱告。在逾越節晚餐的前幾天，他們之間還發生了嚴重的分歧（路加福音 22：24）。其中的信徒有男有女，也有耶穌的家人。婦女通常聚在一起禱告，但不和男士一起禱告。在耶穌的整個事工過程中，祂的兄弟們對祂及其門徒

一直懷有敵意（約翰福音 7：2-5），在提到十字架周圍聚集的人之時甚至沒有提到過他們（約翰福音 19：25-27）。因此，他們的改變是最近發生的事。這些之前的批評者怎麼會被門徒的圈子接納呢？然而，他們都在那裡「同心的祈禱」。

如果我們希望上帝回應我們對任何事情的禱告，那麼我們各人彼此的相處至關重要。我相信這是上帝告訴我們要一起禱告的原因之一：這樣我們就必須處理任何可能分化我們的歧異。「各個擊破」是一種從古至今都十分有效的古老軍事策略。撒但善用這種策略，這對上帝的教會產生了重大影響。保羅告訴提摩太，他的願望

是看到「我願男人無忿怒，無爭論，舉起聖潔的手，隨處禱告」（提摩太前書 2：8）。耶穌在禱告中說，如果我們不願意原諒別人，「你們的天父也必不饒恕你們的過犯」（馬太福音 6：14、15）。**只要我們不合一，不願彼此饒恕，我們對於「任何事情」和「無論何事」的要求，都將無法得到具體的回答。**格雷格‧普魯特（Greg Pruett）只用寥寥數語就道破了關鍵：「耶穌解釋說，仇恨是合一祈禱的主要障礙。祂教導我們切勿在關係破裂的陰影下站在禱告的祭壇前。」（參閱馬太福音 5：23、24）「被破壞的人際關係阻礙了禱告的果效。如果同心合一的祈禱像歌曲一樣吸引著祂的快樂，那麼懷恨在心就會散發出苦澀的音符。」[10]

藉由祈禱產生的轉變

當我還是一位年輕的牧師時，我被派到了一間具有古老傳統的教會。教友們互相喜歡，但不知何故，教會無法吸引其他人，自然也就無法吸引年輕人。一些旁觀者認為教友太過於排外，使來賓感覺像外人，所以教會無法成長。由於我不知道如何處理這種情況，我決定專注於基督徒生活的三個基本功：讀經、禱告、做見證。

在安息日的早晨傳講的上帝之道開始吸引年輕人加入教會。對他們來說，上帝變得比以前更真實。許多專業人士和中年人也來聚會。但是，我們擁有的人越多，分裂的潛力就越大。在會眾中，年

長的教友在這些新的成長中面臨了一些困難。一天早上，我聯繫了所有的長老，並邀請他們在下週一來到教堂，與我一起為教會和一些辛苦掙扎的家庭禱告。我說從早上五點到七點我都會在。我以為可能只會出現一兩個人，結果十個長老中有七個都來了！一起祈禱使教會開始發生真正的改變。幾週後，我們每週祈禱兩次（星期一和星期五）。再過幾週後，我們每週祈禱四天，執事也開始加入。然後，一些女士加入了我們。大概三、四個月後，每天早上五點，教會中的每個人都受邀一起禱告。許多人來參加並持續參與。

這樣做帶來的結果是教會的復興。受過教育的年輕專業人員開始在教會裡服務並接觸社區。他們不再以忙碌作為藉口。他們放在生活中的首位事項及優先順序已經改變。每個安息日教堂都座無虛席。我們計畫每年進行佈道活動。我們的長老在每三個月一次的特別安息日探訪了所有教友以及固定赴會的來賓。教會中的事工成倍數增長。我們大約半年一次、組織一個持續四十小時的禁食和祈禱週末。這對會眾產生了很大的影響！教堂聚會的出席人數從 100 人增加到 400 人，在某些特殊的祈禱週末中，也有數百人參加。捐獻的幅度亦隨之增加，以至於什一奉獻可以支付十位牧師的薪水。堂費捐的奉獻也呈倍數增長。佈道捐款亦增加了 52 倍！就連小組事工也蓬勃發展。我記得每週二晚上都會與所有小組的領導人聚會。我們經常為教會裡的人禱告一小時或更長時間。聖靈激勵我們的心，使我們真正渴望促進上帝國度的來臨。

在不到五年的時間裡,將近 200 人受洗。隨著教會的成長,我們在一個市郊住宅區建立了一個可容納 750 名信徒的教堂。即使在今天,當我到不同的地方拜訪時,我仍會聽到一些當時經歷聖靈感動的人述說,上帝是如何大大地使用那間祈禱的教會來改變他們的生活!

耶穌說:「做更偉大的事。」當我們一起奉耶穌的名禱告時,我們就能成就更偉大的事。

小組討論或個人思考

1 在本章所討論的、對於蒙垂聽的祈禱所應具備的四項條件之中，哪一項是最難達到的？為什麼？

2 你如何看待柯麗‧鄧‧波姆在禱告時對上帝的態度？

3 請查看註釋 8 關於上帝對我們旨意的清單。這其中有什麼讓你感到驚訝或印象深刻的項目？為什麼或為什麼不？

4 評論作者在本章末了部分的描述——他提到自己做為年輕牧師時，發生在他所服事之教會的事。你認為禱告與這些改變有多大的關係？

5 你所屬的當地教會要如何做，才會發生如作者所描述、發生在他教會裡的那些改變呢？

註釋

1.　懷愛倫，《歷代願望》（密西根州戰溪：評閱宣報®，1898），20 頁。

2.　安德魯弟兄和蘇珊‧德沃爾‧威廉姆斯，《上帝改變了主意……因為祂的子民敢於提問》（新澤西州老塔潘：Chosen Books，1990 年），101 頁。

3.　湯姆‧萊特，《人人皆能讀懂約翰福音：第二部分，第 11-21 章》（倫敦：SPCK，2004 年），64 頁。

4.　丹尼爾 B. 史蒂維克，《耶穌與祂自己：約翰福音第 13 至 17 章註釋》（密西根州大急流城：William B. Eerdmans，2011），203 頁。

5.　故事請參閱 Andrew 和 Susan DeVore Williams 的著作《上帝改變了主意》，88、89 頁。

6.　懷愛倫，《喜樂的泉源》（華盛頓特區：評閱宣報®，1956），97 頁。

7.　格雷格‧普魯特也提出了這一點，《激進的祈禱：上帝回應不可能的禱告》（Carol Stream，IL：Tyndale Momentum，2014），49 頁。

8.　以下是上帝對我們生命的明確旨意更完整的清單：①避免自己與非信徒過度親密（以斯拉記 10：11）；②成為上帝賦予責任的忠實管家（路加福音 12：35-37、42）；③獲得永生（約翰福音 6：40）；④讓所有人悔改（使徒行傳 17：30）；⑤受洗，悔改，呼求主名洗淨我們的罪（路加福音 7：30；使徒行傳 22：14-16）；⑥贖回時間，被聖靈充滿（以弗所書 5：15-19）；⑦順服權柄（以弗所書 6：6）；⑧戒除淫亂（帖撒羅尼迦前書 4：3）；⑨要常常喜樂，不住地禱告，凡事感謝（帖撒羅尼迦前書 5：16-18）；⑩為所有人祈禱和祈求（提摩太前書 2：1-4）；⑪將我們的身體獻給神，當作活祭（羅馬書 12：1）；⑫透過行善來消除愚昧人的無知（彼得前書 2：15）；不再活在肉體中（彼得前書 4：2）；⑬願意為基督受苦（19 節）；⑭讓那些犯了罪卻尚未致死的人獲得生命（約翰一書 5：14-16）。

9.　懷愛倫，《使徒行述》（華盛頓特區：評閱宣報®，1911），35、36 頁。

10.　普魯特，《激進的祈禱》，62 頁。

HOLY BIBLE

第 **6** 章

當上帝聆聽時

　　許多年前，我的一個禱告經歷給我留下了不可磨滅的印象。當時我服事的教會規模相當大，會眾也持續增長。在週三禱告聚會之後，有一位敬虔的姐妹問我是否有時間與她一起禱告。她的重擔來自兩個兒子。如果我沒記錯的話，其中一個是 12 歲，另一個是 14 歲，他們正準備面對一個人一生中最具挑戰性的歲月。

　　她的兩個兒子都很乖，但她擔心接下來要成功度過青少年時期對他們而言將是真正的挑戰。她擔心他們對耶穌的愛可能會由於那個年齡層的年輕人受到的許多誘惑和干擾而變得冷淡。因此，我們一起祈禱。她祈禱了幾分鐘，然後是我祈禱，再輪到她，我們輪流

祈禱著。我們已經祈禱了大約 40 分鐘，祈求上帝帶領她的孩子。當我還在祈禱時，她突然把手放在我的手臂上，輕輕地說：「夠了，牧師。我們不需要再禱告了。我現在知道上帝已經垂聽了我們的祈禱。」

那是我以前從未聽過的說法，即使我在教會長大，當時也已經有了十年的牧師資歷。多年後，我發現《聖經》早就教導了這樣的保證。讓我們看看〈約翰壹書〉第 5 章。

為罪人祈禱

使徒約翰在 90 多歲時給教會寫了他的第一封信。最初幾代的基督徒來來去去，一些奇怪的思想和教義異端在當時影響著教會。約翰寫信提醒基督徒，他們可以對耶穌的救贖有信心，對上帝的誡命忠誠，以及相信上帝在他們身上所做的改變。[1] 而在他第一封信的結尾，關於罪的問題，他的叮嚀變得非常務實（約翰壹書 5：14–21）。他教導那些想知道如何為罪人祈禱的人並說道：「我們若照祂的旨意求什麼，祂就聽我們，這是我們向祂所存坦然無懼的心。既然知道祂聽我們一切所求的，就知道我們所求於祂的，無不得著。人若看見弟兄犯了不至於死的罪，就當為他祈求，上帝必將生命賜給他；有至於死的罪，我不說當為這罪祈求。」（14–16 節）

前兩節經文給出指示，最後一節經文說明背景。我們受教要為那些犯了「不至於死的罪」（第 16 節）的人禱告。難道所有的罪惡導致的、不都是永恆的死亡嗎？〈羅馬書〉6 章 23 節不是說「罪的工價乃是死」嗎？答案可以說是，也可以說不是。被寬恕的罪不至於死。約翰在同一封信的開頭說：「我們若認自己的罪，上帝是信實的，是公義的，必要赦免我們的罪，洗淨我們一切的不義。」（約翰壹書 1：9）。耶穌在稍早的幾十年前也曾說過：「人一切的罪和褻瀆的話都可得赦免」，但祂也補充道：「惟獨褻瀆聖靈，總不得赦免。」（馬太福音 12：31）

大約三十年前，我認識了羅傑・莫諾（Roger Morneau）。他是一位傑出的復臨信徒。他在 20 歲那年曾經是一位撒但教徒，但透過一連串極其恩典的遭遇，上帝將他從毀滅的深淵中拉了出來。[2] 惡魔從未原諒他，多年來數度想要取他的性命。他有許多健康問題，其中最主要的問題是心臟疾病。心臟科醫生幾乎不相信他能在心臟只有 45% 能正常運作的情況下存活。這種狀況使莫諾弟兄需要不時地休息。然而，由於有更多自由時間可利用，他便有機會發展一個祈禱事工，為世界各地的兩千多人祈禱。他是一個相信祈禱的人。

莫諾寫了三本極具影響力的書籍，都是關於上帝如何回應他的禱告。我最喜歡的見證之一與一位名叫亨利的人有關。亨利今年 32

歲，自 20 歲起，他顯然因為吸食大量的毒品而喪失了智力。他是一對忠實復臨信徒夫婦的兒子。亨利大部分時間都默默地吸著菸並凝視著牆壁。有時，他會猛烈地搥打自己的臉、手臂或腿，直到身體到處是淤青。在其他時候，他會勃然大怒、大喊大叫的不要任何人跟他說話。顯然，這種行為是由於惡魔的壓迫。他任憑頭髮長到背部中間，不讓任何人觸碰。大多時候，他連自己的父母都認不出來，而且口齒不清。醫學對他的情況無能為力。父母也因為完全不知道該如何幫助他而深感失落。

有一天，亨利的母親讀了莫諾的一本書，並設法通過電話與他聯繫。她描述了兒子的絕望處境，並懇求莫諾幫助他們為他祈禱。莫諾鼓勵她，並重述了一些關於上帝能使不可能的事情成就的美好應許。幾個月後，亨利講話變得清晰，他要求理髮。又過了幾個月，他戒菸了，並且是一夜之間就戒掉。他的思緒開始越來越清楚。但是，魔鬼不會輕易放棄。

有一天，亨利突然變得非常暴力，並威脅要殺死他的父親。他的父母不得不報警，並將兒子帶到精神病院。他的母親傷心欲絕。她對所發生的一切感到震驚，尤其是在亨利的生活出現好轉的跡象之後，她幾乎要放棄希望。莫諾清楚知道，如果沒有經過強大的爭鬥，黑暗勢力不會放過亨利。但是僅僅幾天後，亨利在精神病院甦醒了，他神智完全清醒，身體也非常健康，他對過去十二年所過的

生活一無所知！他愛他的父母。他拜訪了老朋友。他成了一個新造
的人。[3]

耶穌說：「若犯了罪，也必蒙赦免。」赦免帶來醫治（雅各書5：
15、16）上帝聆聽了莫諾弟兄和亨利父母的祈禱，寬恕亨利的罪過，
即使他本人無法自己提出請求！

多年以來，在莫諾研讀《聖經》和預言之靈並為他人祈禱的過程中，他發現了寬恕和聖靈的作用。他始終如一地為其他人禱告，祈求上帝用基督寶血的功勞，赦免他們的罪過，並祈求聖靈賜予人們新的生命。

只要認罪，任何事情都可以被原諒（約翰壹書 1：9）。問題在於另外一種違背聖靈的罪；那就是人們持續犯的罪惡——既不肯認罪，也不願放棄罪。褻瀆聖靈的罪是不會被赦免的。為什麼？因為對這個人而言，聖靈對某項罪惡所發出的警告之聲於他而言已經聽不見了。上帝再也無法影響這個人；並非上帝不願繼續設法說服他，而是罪人長期以來忽視上帝的勸告，也已經對聖靈毫無感受力了。

當我們從加州教會搬到美國南部的一所大學任教時，有一件發生在我身上的事情，可以非常生動地詮釋這種情形。我們在學校附近租了一個臨時公寓，但它很靠近火車的平交道路口。第一列早班的火車總是在五點鐘經過。在美國，火車駛近平交道時必須鳴笛。你可以從很遠的地方聽到它的聲音。我們住在那裡的第一個晚上，當時四周很安靜而我也睡著了，突然，火車在五點鐘經過時鳴笛。一向淺眠的我立即醒了過來，我的心跳加速，害怕有什麼東西駛過我們家！第二天早上，同樣的事情也發生。由於不習慣那麼大的噪音，它每次都嚇到了我。你可能也猜得到：在這種情況下我不可能有足夠的睡眠！

　　但我的潛意識只花了幾天時間就習慣了火車早上五點鐘的笛聲。我了解到沒有什麼可擔心的，那只是一列經過的火車，我可以繼續睡覺。大約一週後，我就再也聽不到火車的聲音。那是因為火車停下來了嗎？不，火車每天早上都在同一時間經過。是因為列車長忘了鳴笛嗎？不，我睡著的時候，笛聲從未停止過。改變的是我潛意識的期待。我告訴自己，我不需要介意那個聲音，最終我就再也聽不到它了！

　　拒絕聖靈的罪就是這樣。如果我們意識到自己做錯了事卻仍繼續做，忽略聖靈微小的聲音——力勸我們糾正錯誤或對上帝降服，那麼這情形最終會導致褻瀆聖靈的罪。致死的罪——或說導致不得赦免的死亡之罪，[4] 指的就是我們堅持犯的罪——無論聖靈曾經力勸我們不再犯罪多少次。這就像一個人在湖中游泳，緊緊抓住一塊沉重的石頭，不願放開，最終就會溺死。

　　我們怎麼知道我們要代禱的對象是否已經犯了褻瀆聖靈的罪呢？（我們被告知不要為這樣的人祈禱，因為為時已晚）。我們不知道！這就是重點：上帝希望我們為每一個罪人祈禱，無論他們的情況如何，因為我們不可能知道那個人是否無法挽救。

有效禱告的關鍵

　　這就是〈約翰壹書〉5 章 14、15 節應許的上下文。現在，讓我們來看看其餘的內容。我相信第 14 和 15 節構成了聖經學者說的交叉結構（亦稱對稱結構，chiasm）。這種結構表現出反向平行性。[5] 語句中的第一點與語句中的最後一點是相呼應或平行的。第二點亦呼應倒數的第二點，依此類推。最後，在語句的中心就可以找到該陳述的頂點（要點）。如下圖所示：

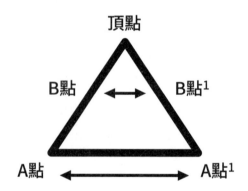

　　再閱讀一遍這兩節經文。你是否看到第 14 節的第一句和第 15 節的最後一句之間的平行性？首先是「這是我們向祂所存坦然無懼的心」（編註：按英文版《聖經》為第一句），最後是「就知道我們所求於祂的，無不得著」。因此，第一句是強調對上帝所存的信心，最後一句是我們知道自己對上帝提出請求。兩種說法都是關於擁有某種東西，如下圖所示：

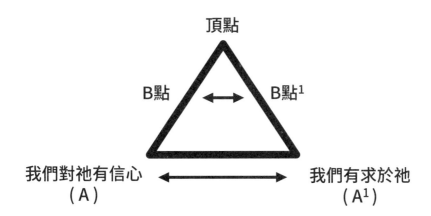

現在，我們來看第 14 節中的下一句，和它在第 15 節中的平行句：「我們若照祂的旨意求什麼」和「如果我們知道祂聆聽」（編註：此處乃按英文版《聖經》原句直譯）。如你所見，這兩個句子是條件語法，它們以「如果」開頭。因此整個應許取決於兩個條件：①我們是否按照上帝的旨意祈禱（在為罪人祈禱的背景下），以及②我們是否知道上帝已經垂聽了我們的祈禱。因此，最後一句是這一個應許的核心，而它出現在經文的中心。這句話只是說：「祂就聽我們。」「聽」是指樂於聆聽，它是指為了回應而聽！[6]

使徒約翰用非常簡單的希臘語寫信，因為希伯來語才是他的母語，而非希臘語。但希臘語是當時的通用語言，是羅馬帝國與各地方政府、教育、商業和文學使用的語言，就像英語是現今大多數人學習、與世界各地的人交流的語言一樣。但是，即使他用希臘語寫

作，他的思維仍然是猶太式的。在希伯來思維中，一個議題的最高潮就位居於中心，與西方思維始終置於結尾不一樣。

於是，**使徒約翰說，上帝的聆聽是我們成功為他人祈禱的關鍵。**其中含義如下圖所示：

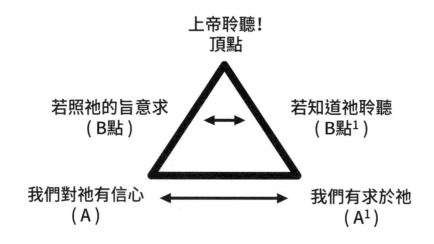

第一句和最後一句（我們對上帝有信心，我們有求於祂）如此陳述，是因為上帝奇妙的能力和恩典。換句話說，正是由於上帝的作為，我們對祂充滿了信心，並且我們以此提出請求。不過，另外

兩句話是關乎我們──祂的信徒。[7]我們是否按照上帝的旨意禱告？世人悔改永遠是祂的旨意（彼得後書 3：9），對嗎？我們是否確實知道祂已垂聽了我們的祈禱？

　　當我開始理解這個奇妙的真理──知道上帝垂聽我們的禱告與按照祂的旨意祈求同等重要，我就立刻明白了那位姐妹多年前在教堂裡的禱告。當然，她一直都在為兒子們的一生禱告。當她擔心即將發生的事情時，更是如此。但是由於某種原因，直到那天晚上，她才確定上帝確實聽見了她的禱告。想一想，如果我們在確定祂聽了我們的禱告之後，還繼續向祂詢問同樣的事情，那麼這些禱告就是對祂不信的表達，而不是信心的表達。這是向上帝表示感謝的時候，因為我們的禱告得到了確實的回應！如果我們按照祂的旨意祈求──並且知道上帝的旨意是要所有人悔改並跟隨祂──我們必須繼續虔誠地祈禱，直到我們確信上帝已經聽了我們的禱告為止。懷愛倫在談到老師為學生禱告時也說：「老師應該學會向主祈求，直到得著被垂聽的保證。」[8]

　　我們持續祈禱不是因為上帝不願給予，而是因為我們不願相信。當我們選擇相信祂的憐憫和應許時，我們就可以確定上帝已經垂聽了我們的祈禱。

信心的祈禱將得到回應

主的僕人對祈禱亦有這樣的說法：

> 我們必須對上帝表現出堅定而始終如一的信任。為了
> 試驗我們的信心或檢驗我們期望的真實性，祂常常會延遲
> 回應我們。按照祂的旨意求，我們應該相信祂的應許，堅
> 定不移地敦促我們的請求。上帝沒有說只須開口求一次，
> 你就會得到。祂要我們堅持不懈地祈禱。[9]

你讀過喬治·穆勒（George Müller）的故事嗎？穆勒是個小偷
和騙子。他過著不道德的生活，經常和朋友喝酒。但是，在他 20 歲
那年，有一天他與其他基督徒參加了一次家庭聚會，他明白了耶穌
為什麼會為他死在十字架上，並且他「被迫去愛祂作為回報」。牧
養教會幾年之後，他決定完全信靠上帝生活。他放棄了教會的薪水，
只祈求上帝供應他所需要的。

最終，他在英國布里斯托爾（Bristol）開設了一所孤兒院。在
70 多年的事工中，他幫助且照顧了一萬名孤兒，贊助了 200 名海外
傳教士，並資助了數百名沒有贊助商、基金會或任何實際收入來源
的工作人員。他是如何在不向任何人募資的情況下，籌集了相當於

今天 1.5 億美元資金的呢？他證明上帝是信實的。他絕對信任上帝會供應每一項需要。

當他 39 歲時，他開始為之前一起聚會的五位朋友禱告，期待他們有一天會接受基督的愛。他每天為他們祈禱。18 個月後，第一位將他的生命獻給了基督。他為此感謝上帝，並繼續為其他四位祈禱。又過了 5 年，第二位成為基督徒。穆勒感謝上帝，並繼續每天為其他三位祈禱。又過了 6 年，第三位歸向了上帝。穆勒再次感謝上帝，並繼續為最後兩位朋友祈禱。

幾十年過去了，儘管穆勒每天都為他們祈禱，但最後兩個朋友並沒有悔改。最後有人問他。他是否仍然相信他們會悔改？他的回答是：「我對上帝有期待，我會繼續祈禱，然後等待答案。」[10]

穆勒持續活到了 93 歲。他用一生中將近 54 年的時間，每日都為這兩位未信主的朋友禱告。如今他已年老，但他們仍未悔改信主。但他仍確信上帝已垂聽了他的禱告。就在穆勒過世之前，第四位朋友歸主了。而接下來幾年之後，最後一位朋友也信了主。想想看，在耶穌來臨並使義人復活之時，穆勒將與這兩位老友相聚，那是何等喜樂的景象！

上帝傾聽我們的祈禱。當上帝聽到時，祂就會行動。也許這就是〈詩篇〉的作者在寫出底下這句話時心中所想的：

「我愛耶和華，

因為祂聽了我的聲音和我的懇求。

祂既向我側耳，

我一生要求告祂。」（詩篇 116：1、2）

小組討論或個人思考

1 在確定上帝已經垂聽你的祈禱後，你有什麼樣的經歷？

2 你原來對不可寬恕之罪的理解是否與你在本章中閱讀的內容相符？如果不是，兩者有什麼不同？

3 關於亨利的故事和他奇妙的改變，最讓你感到驚訝的是什麼？

4 你對於「上帝聽見，是因為祂打算採取行動」這樣的觀點有何看法？

5 你今天為哪些人祈禱，期待他們走出黑暗進入光明，從罪惡到聖潔？

6 花了很長的時間為你所愛的人祈禱，卻沒有任何明顯變化時，你有哪些掙扎？

註釋

1. 參閱伊恩・霍華德・馬歇爾，〈約翰的書信〉，《新國際新約註釋》（密西根州大急流城：Eerdmans，1978），2-8 頁。

2. 關於莫諾奇妙的悔改見證請參閱羅傑・莫諾《超自然之旅》（馬里蘭州黑格斯敦：評閱宣報®，1993）。

3. 羅傑・莫諾，《更多關於禱告的奇妙回應》（馬里蘭州黑格斯敦：評閱宣報®，1993），38-41 頁。

4. 在原始的希臘語中，這種罪被稱為 pros thanaton，意謂著走向死亡，或者其結局是死亡。這就是為何它必定是指著違背聖靈的罪。也就是說，任何因我們不想放棄而持續存在的罪，都是抵擋聖靈在我們生命中動工的罪。見威廉巴克萊，〈約翰和裘德的書信〉，《每日聖經學習系列》（賓州費城：威斯敏斯特出版社，1976），120、121 頁。

5. Chiasm 來自新約希臘字母 xi，呈 X 形。「X」代表倒平行的概念，一端對應另一端。

6. 馬歇爾，《約翰書信》，244 頁。

7. 在約翰的著作中，他另外 3 次提出了禱告蒙應允的條件。在約翰壹書 3：22 中，他說順服是一個條件。在約翰福音 15：7 中，他說住在或留在耶穌裡面，並讓祂的話語住在我們裡面，是禱告蒙應允的條件。在約翰福音 14：14，他提及奉耶穌的名禱告，正如我們在前面三章所看到的，是禱告蒙應允的條件。

8. 懷愛倫，《給家長、教師和學生的建議》（華盛頓特區：評閱宣報®，1913），231 頁。

9. 懷愛倫，《基督比喻實訓》（華盛頓特區：評閱宣報®，1941），145 頁。

10. 參見穆勒最佳傳記之一，羅傑・史廸爾的《喬治・穆勒：以上帝為樂》（羅斯郡，英國：基督教焦點，1997）。他在 75 歲時關於餘下的兩個朋友提出之問題的回答，請見第 193 頁。

第 **7** 章

如何做真正的禱告

　　梅洛迪‧梅森（Melody Mason）講述了越南復臨教會決定為完全的陌生人祈禱的見證。平信徒傳道士哈恩帶領他的教友們，為離他們 150 英里（240 公里）之外未曾去過的村莊禁食禱告。一些教友在那裡有不認識基督的親戚。在他們開始祈禱後不久，其中一名教友的姨母——她名叫以顏（Yen），來到家庭教會所在的小鎮，為她患了胃癌尋求醫治。到那裡之後，她接受邀請參加家庭教會。她開始閱讀《聖經》，最後接受耶穌為她的救主。然而就在此時，她的癌症卻惡化了，於是她回到家中靜待死亡的日子到來。

教堂繼續為以顏和她的村莊祈禱。他們對祈禱能夠得到如此快速的回應感到欣喜，以顏是他們祈禱的村莊第一位信主受洗的。但是他們沒有忽略殘酷的諷刺，以顏很快就會死去。一個月過去了，以顏的親戚打電話給哈恩牧師，說以顏的時間不多了。哈恩牧師很快召集教友進行緊急祈禱。他們懇切地祈禱，以〈詩篇〉30 篇的應許為以顏代求。他們與上帝爭論的是：「如果祢讓以顏死，誰會在這個村莊讚美祢的名字？」在那個村子裡沒有其他人聲稱自己已得著基督的寶血。經過兩個小時的祈禱，他們確信上帝已經垂聽了他們的祈禱。

第二天，他們再次聚集為以顏禱告。哈恩牧師打電話詢問她的情況如何。她已經兩週沒有進食，甚至也沒辦法起身坐著。哈恩牧師得知她昏迷不醒，幾乎沒有呼吸。哈恩牧師告訴照顧以顏的人，現在只有上帝才能救她，並給照顧者一些指示。她需要拿出以顏的《聖經》，打開〈詩篇〉30 篇，跪在以顏旁邊閱讀，將以顏的名字置入詩句中。哈恩牧師對以顏的親戚說：「上帝能夠醫治並恢復她的生命。」以顏的親戚什麼也沒說。她不是基督徒，對基督徒葬禮的儀式也一無所知！

就在電話掛斷之後，以顏停止了呼吸。她的親戚開始為埋葬她做準備。她小心地用毯子包住以顏全身。當她這樣做時，她驚覺自己還沒有執行哈恩牧師的指示。於是，她找到了以顏的《聖經》，

打開〈詩篇〉第 30 篇，開始讀這首詩篇，並把以顏的名字放入詩句中：

> 耶和華啊，我曾求告祢；
>
> 我向耶和華懇求，說：
>
> 「以顏」被害流血，下到坑中，有什麼益處呢？
>
> 塵土豈能稱讚祢，傳說祢的誠實嗎？
>
> 耶和華啊，求祢應允「以顏」，憐恤「以顏」！
>
> 耶和華啊，求祢幫助「她」！（詩篇 30：8–10）

突然，在以顏的親戚閱讀時，她注意到包裹以顏的毯子動了。她既驚訝又害怕地盯著在半小時前還是一具屍體的以顏。以顏踢開毯子，坐了起來，開口說她想吃點東西。她復活了！不僅如此，她還從癌症中完全康復！居住在 150 英里之外的人們透過簡單而充滿信心的祈禱，實現了復活的偉大奇蹟，給這個村莊的人們留下了深刻的印象。不久，又有 50 多人加入了復臨教會，並在那個地方建立了新的教會。[1]

祈禱能產生果效。**在教會的宣教計畫中，禱告不再居於次要位置。禱告必須是策略**。懷愛倫寫道：「我們必要遭遇那最兇惡的強敵；而且勝負的決定全在乎我們。」[2] 哈恩牧師和他的教友所做的如何啟發我們其他人呢？首先，他們設定了一個超乎尋常的目標。為距

離他們如此遙遠的異教居民們祈求，這不是一個小規模的祈禱。第二，他們的禱告是很具體的；首先，他們祈禱那個村子裡的人會轉向主。接下來，以顏會轉向耶穌。然後，為了整個村莊的緣故，她會得到醫治。第三，他們堅持禱告。他們不是簡單地祈禱一週，然後看不到進展時就放棄一切。他們持續禱告直到上帝回應他們。第四，他們根據《聖經》的應許禱告。他們奉耶穌的名宣稱《聖經》是他們權威的泉源。最後，他們帶著對上帝的信心禱告。即使有明

確的證據表明以顏可能會死，他們仍繼續為她祈禱。他們感覺到上帝正在回應他們的禱告，直到他們看到一個令人滿意的結果，才會放棄。他們相信耶穌能回應，並且祂一定會回應。

我們知道如何禱告嗎？

我認識的大多數復臨信徒（我在各大洲遇過的人成千上萬）是很少禱告的；即使在他們祈禱時，也沒有對天上的父充滿信心。這個群體之中也包括我！[3] 因此，**我們患了兩種致命的屬靈疾病：一種是我們的禱告不足，這使得我們的屬靈生活慢慢衰退；另一種是當我們禱告時，我們很少打從心底相信所祈禱之事會真的發生！**從狹義上講，我們比魔鬼還糟，因為他至少對於上帝的確有改變局勢之強大力量一事是有認知的。這就是為什麼他們「也信，卻是戰驚」（雅各書 2：19）。

你最近是否參加過典型的復臨教會禱告聚會？如果有的話，那麼你屬於教會中的小眾人士。大部分的復臨信徒很少參加禱告聚會，並且大多數禱告聚會仍然是以講論為主，只是在聚會結束時才進行一點禱告。當我們花在提出禱告請求的時間多於實際禱告時，我們就顛覆了優先次序。懷愛倫警告說，在禱告會上「冷淡而呆板的祈禱使人感到沮喪」，冗長的禱告或演講會使聚會變得不吸引人。除非上帝的靈以特殊的意義感動某人，否則在公眾場合的禱告應簡

短而切題。她警告說，許多人在公共場合做長時間的禱告，因為他們實際上並沒有在家中私下禱告。「他們希望藉著禱告，得蒙上帝的恩眷。」[4]

邦茲 （E. M. Bounds）是美國的律師也是牧者。他每天早上四點起床，花大約三小時的時間做個人的祈禱。他所寫的祈禱書已成為英語的經典著作。他寫道：「與上帝相處的時間是所有成功祈禱的祕訣。」他接著說：「我們（公開）的簡短祈禱能做到切題、有意義並且有效率，都要歸功於我們之前的長時間祈禱。」[5]

誠然，禱告成功的祕訣是個人禱告，但教會成功的祕訣是集體禱告。只有當我們一起禱告，在上帝面前強調祂對於推動自己工作的應許時，我們才能期望事情會開始發生變化。懷愛倫談到集體禱告時說：

「我們被鼓勵為成功祈禱，憑著神聖的保證，我們的祈禱將被聽見並得到回應……

這應許是在教會集體祈禱的條件下作出的，並且在回應這些祈禱時，可以期望得到的功效要比在私人祈禱中得到的功效更大。所賦予的能力將與教友的團結以及他們對上帝和彼此的愛成正比。」[6]

　　集體禱告並不複雜。我們需要做的就是決定一個聚集祈禱的地方和時間。所有人都必須聽到禱告的聲音，才能從禱告的人身上受益。[7]當門徒在一間樓房聚會禱告時，他們「同心合意的恆切禱告」（使徒行傳 1：14）。除非他們聽見彼此的祈禱，否則怎麼會知道他們是同心合一的呢？顯然，他們祈禱的聲音是十分清晰的。這些不是私人祈禱。耶穌說：「我又告訴你們，若是你們中間有兩個人在地上同心合意的求什麼事，我在天上的父必為他們成全。」（馬太福音 18：19）為了使這節經文變得真實，那些祈禱者需要聽到彼此的祈禱。有些人是生性害羞，或非常缺乏在別人面前祈禱的經驗。沒有人應該感到自己是被迫祈禱的。但我們必須記住，對上帝而言，我們的禱告就像我們的小孩對我們做出簡單的禱告一樣寶貴。

　　在我先前服事的教堂裡，我們有一間小房間，我們會把枕頭放在地板上，一起跪下祈禱。後來我在南方復臨大學任教時，我們每天中午也會在大樓二樓的小禮堂裡，與學生和老師一起祈禱。此外，在我們的分會（北亞太分會）近兩年多以來，我們每天中午都自願聚集在一起，為特定的目標──重大的目標祈禱。[8]上帝的應許是，一起禱告所產生的力量會比我們單獨禱告時更大。

　　懷愛倫曾寫過關於我們應該如何以信心祈禱的文章，例如，當我們祈求聖靈之時應如何說。早期復臨教會的先鋒常常稱聖靈為「禮物」或「祝福」。這段聲明很長，但每個字都值得一讀：

我們三心二意的懇求難道不應該變成對這莫大福分［聖靈］的強烈渴求嗎？我們對上帝所應許的美好事物沒有足夠的要求。如果我們能達到更高之處並期望更多，我們的懇求將顯示出迅速的影響力，是來自每個生靈滿心期待被聽見並回應的請求。乏味的懇求並不能榮耀上帝，因其中沒有表明任何期望。祂希望世人以真誠和信心來到施恩寶座前。我們是否理解自己所從事之工的規模？如果我們明白，我們的祈禱就將更加熱切。我們的懇求會以令人信服的誠懇在上帝面前升起。我們會祈求祂賜給我們力量，就像飢餓的孩子祈求食物一般。如果我們意識到這份禮物的偉大，如果我們希望獲得賜福，我們懇求的態度就會更認真和緊迫。好像我們此刻就站在天堂的門口懇求進入一樣。

我們應該以不容置疑的誠懇祈求。上帝強烈希望每個人都應絲毫不動搖地踏著前進的步伐，緊緊倚靠祂。上帝是所有尋求祂之人的亮光和生命。我們所得到的聖靈量度，與我們渴望領受聖靈的量度成正比。這也適用於信心，以及我們享受賜福並將其傳授給他人的能力。[9]

幾年前，我讀到在俄羅斯北極圈以北，有一所教堂的信徒們決定一起祈禱。他們的冬天又冷又長，因此大多數在那裡工作的男人都是獨自生活，每隔幾週才會去探望住在南部、氣候較溫和之地的

家人。復臨教會在當地有 22 名教友，但由於人口的流失，教友人數減少到 8 名：牧師、他的妻子和另外 6 名男性教友。他們意識到除非有戲劇性的變化發生，否則教會將後繼無人。[10]

　　由於他們對此實在是束手無策，所以他們每天早晨就聚集在一起祈禱。他們祈求聖靈沛降在他們身上。他們祈求有能力帶領別人歸向基督；他們祈求力量和熱心去做上帝的工作。但他們如何確保自己的專注力和積極性呢？每天早上六點，他們在一個釣魚俱樂部見面祈禱，人們常在那裡進行冰釣活動。他們會聚集在一個釣魚洞附近，一起跪下，祈求聖靈降臨，實現上帝的應許拯救生靈。然後，他們脫下衣服，把隔夜形成的釣魚洞冰塊擊破，然後一個一個的跳入水中！

　　做出這種明顯的怪異行為是有原因的。他們心知肚明，如果是預備每天早上在俱樂部與其他人見面，而不是獨自在家祈禱，他們將更有可能將此事堅持到底，因為那樣做太容易被忽略或忘記了。跳入水中則是他們想以此表達：「主啊，我們隨時準備為祢差來的人施洗。我們不會等到冬天結束後才為祢工作。我們現在就已經準備好了！」

　　上帝尊重他們的信心和承諾。在他們開始這樣祈禱的短短一年之內，上帝就為教會帶來了 80 個新生命！想像一下，從 8 位教友增

長到 80 位，這是 1000% 的成長！在接下來的幾年中，該教會在附近的其他村莊又新建立了 5 到 6 間教會。上帝回應了這群人的集體禱告！

信心或失敗

上帝的僕人說：「上帝兒女每一次失敗都是由於他們缺乏信心。」[11] 每次失敗！因此，當我對我的兒子或女兒不耐煩時，是因為我並沒有真正信任上帝會看顧他們。我想憑一己之力控制他們生活中一些在我看來無法控制的事情。我沒有求助於上帝讓我變得更堅強並賦予我智慧，而是求助於我的天性。我不需要行使信心來做

到這一點。我只需要做自己。或者，當我因事情進展不如預期而灰心時，我也不是真的信任上帝。我沒有堅信上帝可以為我們的問題提供解決方案，而是將焦點放在問題上，這導致了更大的沮喪。或者，當我們認為自己沒有足夠的時間或能力而無法大膽地與他人接觸時，我們也會失敗！**失敗不是因為我們沒有成功地與他人接觸，乃在於我們沒有將自己的時間和能力交託給上帝使用**。如果上帝在我們生命中的首要任務是為祂尋找人，那麼我們應該相信祂會提供工具和方法來完成這項工作！

當上帝帶領以色列人前往應許之地時，摩西派出十二名探子去「看那地如何，其中所住的民是強是弱，是多是少」（民數記 13：18）。上帝已經應許了以色列人，要把那地賜給他們！在上帝帶領他們出埃及、經歷了如此多的神蹟之後，祂不會帶領他們穿越沙漠，然後任憑他們要麼死在異國他鄉，要麼轉身回埃及！因此，征服應許之地在上帝心中已然是一個既成的事實。剩下的是讓以色列宣稱此一事實並採取行動。

但是，大多數的探子並沒有將焦點放在上帝賜給他們那地的奇妙優勢，而是關注在困難上：百姓強壯、城市堅固、巨人住在吃人的土地上（民數記 13：28、29，32、33）。但另一方面，迦勒專注於上帝的應許：「我們立刻上去得那地吧！我們足能得勝。」（第30 節）以色列人強大到足以擊敗當時世界上最大的帝國——埃及

嗎？當然不是。但上帝賜給了他們勝利。他們能夠造船穿越紅海逃離敵人嗎？當然不能。但上帝可以造出旱地，使以色列人可以安全越過紅海。

觀點問題

信心與失敗之間的區別在於觀點。如果我們從自己的觀點看待我們的遭遇，我們就無法想像勝利會屬於我們。在掃羅和大衛的時代，整個以色列都因害怕巨人歌利亞而驚慌失措。誰能戰勝得了他？他是這麼強壯、高大，又戰功彪炳。但是，當一名叫大衛的少年目睹這種困境時，他沒有從自己的觀點——一個沒有任何戰鬥經驗的卑微牧童——來看待眼前的局面。他從上帝的觀點看問題（撒母耳記上 17：45-47）。上帝永遠比最大的巨人更強大！儘管大衛必須抬起頭仰視巨人，但他知道上帝正由上而下俯看巨人，所以他信靠祂。他相信上帝的觀點。他相信即使不穿防護盔甲，上帝也可以擊敗巨人。他相信上帝會指引那光滑的石子到達應該去的地方。他相信上帝會採取主動，而不僅僅是等待對巨人所做的事情做出反應。大衛因信而活。也正因為他憑信心而活，所以他獲得了勝利。

除基督教之外，世界上每一種宗教都奠基在儀式、哲學，以及出自人為、感覺可以獲得神明青睞的作法之上。只有基督教是建立在信心的基礎上。只有基督徒雖然看不見卻仍全心全意地相信一

個真實的上帝。那不是因為他們盲目相信，而是因為他們記得上帝的話。上帝的應許成了比他們在周圍感覺到、看到或聽到的更偉大的事實。難怪使徒保羅說：「凡不出於信心的都是罪。」（羅馬書14：23）我不需要為了犯罪而特意做出犯罪舉動，我只需要不相信上帝就是已經陷入罪中。這是多麼大的悲劇啊！對上帝缺乏信任就是慢性自殺。

　　我和妻子住在密西根州（美國冬季時最寒冷的州之一）之時，我經常必須在開車前先鏟掉車道上的雪。一天早上，我眼前有近三英尺（約一米）的積雪要清除。那是很艱鉅的工作。此外，天氣很冷，頭上的天空是灰色的。我之所以記得那天，是因為我的妻子拍了一張我用雪鏟努力工作的照片。但僅僅幾個小時後，我也拍了張照片，一張完全不同的照片。在潔白的雲層上現出藍天和溫暖的太陽。我鏟完雪後，就去機場飛到別處。飛機不斷上升，直到衝破雲層。雲層之下是寒冷灰暗的，但雲層之上是明媚而宜人的陽光。作為基督徒，我們有一個選擇。我們可以選擇生活是奠基於周圍寒冷和灰暗的環境，還是按照上帝給我們的陽光和愉快的應許。我們可能生活在雲層之下，但我們可以想像自己在雲層之上。我們可以選擇不需要相信上帝的生活——過著充滿沮喪和悲慘的日子。但我們確實需要相信祂，因為從祂對現實的觀點，我們才能超越自己的眼光並贏得勝利。

　　我們是在傾聽自己的感受，還是在聆聽上帝的話？鍾馬田（Martyn Lloyd-Jones）是一位了解這場鬥爭的英國傳教士。他說：「你是否意識到生活中大部分的不快樂，是由於你太過於傾聽自己的內心，而不是和自我展開理性對談？」[12] 他的觀點是我們不應該過度傾聽自己的感受，而是應該告訴自己要關注上帝！相信及依靠祂的應許。懷愛倫寫道：「當敵人企圖用黑暗籠罩生靈時，唱出信心並談論信心，你會發現自己已經唱出光明。」[13] 她曾經寫信給教會的一位領袖並建議：「**讓我們談談信心並表現出信心，我們就會有信心。**」[14]

　　當我們看著世界上眾多的城市，到處都是不認識上帝、鎮日汲汲營營的人們，我們可能會對艱鉅的任務感到灰心。我們如何才能接觸到這些人？在這個如此世俗化、自我毀滅的世界裡，即使是數十億美元和數千名全職員工也無法產生太大的作用。但我們絕不能忘記，當上帝賜給我們大使命時祂沒有絲毫猶豫，也沒有犯錯。上帝不後悔交給我們一個這麼巨大的任務，因為祂知道在人所不能的事，在祂卻能（路加福音18:27）。我們需要做的就是憑著信心前進，不要顧慮什麼是行不通的，不要從人類的角度去看待任務，而是要相信，對上帝來說，我們面對的巨大挑戰就像小小的變化。

信心的操練

　　關於耶穌的故事，我最喜歡的就是那發生在離奇的登山變像後、隔天早上的事蹟（馬太福音 17：14–21；馬可福音 9：14–29；路加福音 9：37–43）。耶穌和祂的三個門徒下山時，他們遭遇了一陣混亂。一個人帶著被鬼附的兒子來尋求醫治，他是他唯一的兒子（路加福音 9：38）。留在山腳下的九位門徒試圖把鬼趕走，卻慘遭失敗。門徒對這樣的結果感到困惑，自尊心受到傷害，他們成為文士攻擊的目標，文士指責他們是騙子。聚集在山腳下的大批群眾傾向於站在文士那一邊。[15] 你可以想像當時的喊叫和責備。透過耶穌的命令，門徒有過趕鬼的經驗（馬太福音 10：1、8），但是那天事情卻沒有如預期般順利。

當這位父親最終向耶穌求助時，祂並沒有立即將鬼趕出去。令人驚訝的是，耶穌以往總是只用一句話就把鬼趕出去（馬太福音 8：16），而且不允許他們說太多話或引起人們注意他們的黑暗世界。但是這次不同。這一次，耶穌要求男孩靠近祂，祂允許魔鬼展示他的能力，使男孩重重的抽瘋，口中流沫（馬可福音 9：20）。然後，彷彿是為了延長痛苦，耶穌問父親這種情況持續了多久？奇怪的是，耶穌需要知道這件事才能趕鬼似乎教人難以理解。但是在那天早上耶穌看到了一個比真正的鬼更大的問題，而祂要小心翼翼地處理。

當這位父親講述他兒子被鬼折磨的痛苦故事時，他不禁呼求：「你若能做什麼，求你憐憫我們，幫助我們。」（第 22 節）耶穌的回答值得深思：「你若能信，在信的人，凡事都能」[16]（第 23 節）。換句話說，你是在認真地問我是否能做什麼嗎？當然，我可以！對相信的人來說，萬事皆有可能！然後，這位父親立時流淚地喊著說：「我信！但我信不足，求主幫助。」（第 24 節）這位父親並不十分確定，但他相信耶穌能夠幫他解決這已存在多年且越發嚴重的問題。但他不禁注意到耶穌實際上相信祂能做到。所以，他願意承認耶穌，至少相信祂能為此做些什麼！

故事有很好的結局。鬼被趕出，父親也鬆了一口氣。但是門徒後來求問耶穌，他們想知道他們為什麼趕不出鬼。祂的回答是「至

於這一類的鬼，若不禱告、禁食，他就不出來」（馬太福音 17：21）。哇！耶穌是不是說這個被鬼附身的案例非常嚴重，以至於除了禱告和禁食外無法解決？請再仔細讀這個故事；《聖經》中沒有證據表明耶穌在趕鬼之前有禁食。難道門徒在嘗試趕鬼之前需要禁食嗎？這和耶穌毫不遲疑地趕鬼的習慣有什麼關係呢？

當耶穌說「至於這一類的鬼」時，祂不是指那種惡魔。祂指的是那種不信！透過閱讀〈馬太福音〉17 章的敘述可以清楚地證實這一點。那裡引用了耶穌的話，說他們失敗的原因是「因你們的信心小」（馬太福音 17：20）。耶穌見到絕望的父親、焦急的門徒、指責的文士和漫不經心的群眾時，第一個反應是「不信的世代啊，我在你們這裡要到幾時呢？」（馬可福音 9：19）祂之所以在趕鬼之前一直拖延時間，是因為祂在等待整個人群中是否有任何一人、能顯出一丁點對祂有信心的跡象！

那位父親終於明白了，他選擇相信。想想這個問題：當你分析〈馬可福音〉第 9 章的故事時，你會發現四個漸進式的禱告：第一個是隱含的；那是當九位門徒試圖趕鬼的時候。我們可以將他們的要求概括為：「上帝，幫助他們！」他們求上帝幫助那位父親和兒子。第二個是在第 17 節中間接提到的，當父親走近耶穌時，實際上是說：「上帝，救救他！」也就是說，請幫助我兒子。下一個禱告見於第 22 節，父親絕望地喊道：「上帝，救救我們！」最後的祈禱

則是痛苦的懇求：「上帝，救救我！」也就是說「幫助我的不信！」
──而這就是耶穌一直在等待回答的禱告。幫助他們，幫助他，幫
助我們，幫助我──幫助我的不信！你看到這個逐步遞進的過程了
嗎？對耶穌來說，鬼不是問題，缺乏信心才是。為了代表他們採取
行動，祂需要有人真正相信祂能做到這一點。一旦這位父親謹慎地
相信耶穌能做到只有上帝才能做的事，魔鬼就被趕出去了。

幾十年來，我從懷愛倫這段奇妙的陳述中不斷得到鼓勵：「**凡
覺悟自己的無助，完全依靠救主功勞的人，是世界上最懦弱的人，
然而同時也是世界上最強壯最無敵的人**。靠著禱告，靠著查經，靠
著相信基督住在我們裡面，雖是最軟弱的人，也能夠與活的救主有
聯繫的生活，主就必永不放手地攙扶他們。」[17]

那必須被驅除的惡魔，是我們的缺乏信心。當我們憑信心生活
時，上帝就會藉著我們並為我們實現一切的可能。為我們的鄰居、
社區和城市共同禱告，堅信上帝會聽到我們的禱告並作出相應的回
應，這不僅會使我們對人的需求更加敏感，增加我們對上帝的信心，
而且還能移動大山。它將給我們一個絕佳的機會來見證上帝的奇
蹟。當我們對上帝的信心得到操練時，我們自己心中的惡魔就將被
驅除。

小組討論或個人思考

1 想一想本章開篇的故事，家庭教會為不信者及以顏的康復祈禱。你的教會或你所服務的復臨機構是否準備好進行這樣的禱告？

2 思考一下這樣的說法：「成功禱告的祕訣是私人禱告，而成功教會的祕訣是集體禱告。」你對此有何看法？

3 再讀一次懷愛倫的長篇引文。我們要怎樣做才能進行那樣的禱告？

4 懷愛倫說：「上帝的兒女每一次失敗都是由於他們缺乏信心。」思考最近在你的生活中發生的兩到三次失敗——我們都有這種情況。懷愛倫所說的對你來說真實嗎？

5 當作者寫到勝利是一個觀點問題時（例如，大衛從上帝的角度而不是從自己的角度面對歌利亞），這對我們的日常生活有什麼影響？

6 被鬼附身的男孩之經歷告訴你有關耶穌和我們的什麼信息？

註釋

1. 梅洛迪‧梅森，《敢於要求更多：回應祈禱的神聖關鍵》（愛達荷南帕：太平洋出版社®，2014），178–180 頁。

2. 懷愛倫，《教會證言》卷 7（加州山景城：太平洋出版社®，1948），213 頁。

3. 顯然，我不是唯一經歷過這種情況的人。懷愛倫注意到了這一點：「許多人沒有行使他們有權利和義務行使的信心，常常等待只有信心才能帶來的感覺。感覺不是信仰；兩者是不同的。信心是我們要操練的，但快樂的感覺和祝福是上帝給的。」懷愛倫，《懷愛倫的信仰旅程：基督徒經驗談》（華盛頓特區：評閱宣報®，1922），126 頁。

4. 懷愛倫，《教會證言》卷 2（加州山景城：太平洋出版社®，1948），577–582 頁。

5. E. M. 邦茲，《邦茲論祈禱合集》（密西根州大急流城：貝克出版社，1990），460 頁。

6. 懷愛倫，《手稿發行》卷 9（馬里蘭州黑格斯敦：評閱宣報®，1990），303 頁；強調補充。

7. 自從我住在亞洲以來，我注意到我們大多數的教友都習慣在一起祈禱，但同時他們又是單獨祈禱。他們會聚在同一個房間裡，然後獨自默默地祈禱。這不是我們在《聖經》或《預言之靈》中看見關於集體禱告的敘述。彼得和約翰出獄後，他們和弟兄姐妹一起禱告，上下文表述的很清楚：他們大聲禱告（使徒行傳 4：24-31）。大衛的禱告在後世出版，供人們閱讀和歌唱（詩篇 72：20）。懷愛倫和早期先驅們花了大量寶貴的時間一起禱告。這是遵循衛理公會大聲祈禱的做法（早期復臨信徒有半數來自衛理公會），圍成一個大圈，一個接一個地禱告。在懷愛倫的著作中，集體禱告絕不是靜默的個人禱告。

8. 在北亞太分會，我們一直在進行策略性祈禱。我們針對一些策略向上帝求：①敞開對朝鮮傳福音的大門；②減少中國的政府限制；③振興日本的教會；④增添蒙古牧師的力量；⑤接觸台灣的最主要族群；⑥振興在韓國教友的委身；⑦影響分會內幾個最大的城市；⑧建立更多的復臨學校；⑨成為被主的靈充滿的子民。

9. 懷愛倫，〈祈求就會得到〉，《聖經迴響》，1901 年 8 月 5 日，第 4 頁。

10. 我在之前寫的一本書中曾講述這個故事：《復臨信徒的最大需要：聖靈的澆灌》（愛達荷州南帕：太平洋出版社®，2011），35、36 頁。

11. 懷愛倫，先祖與先知，（密西根州戰溪，評閱宣報®，1890），657 頁。

12. 鍾馬田（David Martyn Lloyd-Jones），《靈性的沮喪：原因與治癒之道》（倫敦：哈珀科林斯，1998），20 頁。

13. 懷愛倫，《給家長、教師和學生的建議》（華盛頓特區：評閱宣報®，1913），234 頁；強調補充。

14. 懷愛倫，《手稿發行》卷 7（馬里蘭州黑格斯敦：評閱宣報®，1990），403 頁。

15. 參閱懷愛倫，《歷代願望》（密西根州戰溪：評閱宣報®，1898），427 頁。

16. 有些手稿說「如果你能相信」，但其他手稿說「如果你能！」，例如在 Nestle-Aland 版《希臘語新約》第 27 版和聯合聖經公會的《希臘語新約聖經》第 4 版中發表的、備受推崇的手稿。

17. 懷愛倫，《論健康佈道》（又名：服務真詮，The Ministry of Healing），（華盛頓特區：評閱宣報®，1905），182 頁。

第 8 章

禱告與善惡之爭

　　在羅傑・莫諾的禱告事工中最奇怪的故事之一（請參閱第 6 章），發生在一位他稱為諾瑪（Norma）的虔誠復臨信徒婦女身上，她說她在生活中不斷遭到惡天使的騷擾。諾瑪在夜裡聽到門窗開了又關。她還聽到家裡的樓梯傳來上上下下的腳步聲。她經常感到有一道濃密的黑氣盤旋在她上頭，讓她精神緊繃。有時候就連夜裡躺在床上，她都被劇烈地搖晃著。當這些事情發生時，她總是向耶穌呼求，然後騷擾就停止了。

　　或許令人更難理解的是為什麼這會發生在一位忠心的信徒身上。莫諾不斷提出問題，發現這些騷擾可能與諾瑪在某個時期內所接觸照顧的一位盲人婦女有關。當諾瑪在那個女人的房子裡時，騷

擾是最嚴重的。當莫諾發現諾瑪仍然保留那位盲婦送給她的禮物時，他告訴她要立即把它扔掉。他寫道：「邪靈行動的原則是，如果某人保留某些與之相關的物品，他們就可以接觸這個人。」莫諾也有過類似的經歷。在他離開撒但教後的六個月裡，魔鬼不斷騷擾他，直到他扔掉了一些他原先保留的、和邪靈崇拜有關的書籍才罷休。[1]

善惡之間的巨大衝突是真的，而且非常、非常真實。不過，除非我們了解衝突的因素，否則我們將不知道如何以最有力的方式為他人祈禱。讓我們回到衝突的起點，並試圖了解與禱告和善惡相關的重大議題。

問題的起源

在世界被造之前，天國有一場戰爭。這是上帝與撒但之間的意識形態戰爭，或用約翰的話來說是「米迦勒與……龍」（啟示錄12：7-9）之間的戰爭。[2] 這場戰爭不可能是傳統意義上的戰爭——動用武器和士兵，因為誰會想與全能的上帝作戰呢？這是一場攸關思想和正當性的戰爭，很明顯，路錫甫的控訴站不住腳所以輸了。天上的戰爭肯定持續了一段時間。這不是一場單純的爭鬥；它是一場「戰爭」。

這場戰爭是關於什麼呢？以賽亞和以西結都給了答案。以賽亞說，路錫甫——後來被稱為撒但或龍，想要高舉他的寶座（他的地位）至群星或上帝的天使之上，[3] 他渴望自己像上帝一樣（以賽亞書 14：12-14）。以西結顯示路錫甫曾經是「受膏的基路伯」，也就是在約櫃上、在上帝寶座旁邊的兩個基路伯天使之一（出埃及記 25：10-20）。先知還寫道，路錫甫是「完美的……直到察出不義」。他因美麗和光彩起了驕傲之心（以西結書 28：12-15，17）。由於路錫甫變得心高氣傲，他渴望自己能夠像上帝一樣的願望，並不是為了有益於他人，亦不是要反映上帝的品格，更像是想取代上帝的地位。路加揭露了撒但想受到崇拜（路加福音 4：1、2；5-7）。

路錫甫怎麼敢有這樣的念頭？他是上帝的創造物，與我們都一樣（以西結書 28：15）。他沒有神性。路錫甫是一位勢力強大的天使，他在天堂位階最高。我們知道戰爭發生在他和米迦勒之間。米迦勒（Michael），希伯來語為 mika'el，意思是「誰像上帝？」這可以是一個問題或是一個挑戰。《聖經》明確地指出，「像上帝」的人就是上帝的兒子（約翰福音 5：18），[4] 而路錫甫想要祂的地位和身分。在路錫甫的心中，上帝之子成了他的敵人。為了廢黜上帝的兒子並取而代之，他必須攻擊祂的品格、祂的正直和祂的律法。因此，他開始散佈關於聖子的謊言。〈以西結書〉28 章 16 節說：「因你貿易很多，就被強暴的事充滿，以致犯罪。」這意味著什麼？翻譯為「貿易」的單詞是希伯來語 rekulla，意為「進行商品或言語交

易,意即誹謗」。[5] 路錫甫開始詆毀聖子的名字。我只能想像他與天國中的其他天使隨口說出像是「你是否聽說過有人對上帝的行事方式不滿意?」諸如此類的話。像這樣的話往往半真半假,就使它成為一個更有力的謊言。誠然,天堂裡的某人不開心──他本人雖然沒有透露出來,但在真誠關心的表相之下卻隱藏著謊言──即懷疑的種子。

愛與自由的本質

通常在這種情形發生時,有些人就會開始認為上帝該做的事是摧毀這樣一個狡猾、密謀策反的受造物。他毫無根據的揣測擾亂了天庭和整個宇宙。其他人甚至得出結論說,既然上帝沒有阻止邪惡,那麼祂就該為此負責。然而,神學家理查‧萊斯(Richard Rice)的觀點是正確的,他寫道:「上帝擔起的責任,是邪惡的可能性,而不是邪惡的現實性。」[6]

上帝用來管理宇宙的基本法則是捨己的愛。[7]「上帝就是愛」(約翰壹書4:8),上帝的創造物生來就是為了追隨祂、敬拜並榮耀祂,因為他們愛祂。他們選擇愛上帝,並選擇祂勝過自己,就像祂選擇了罪人勝過自己一樣,十字架上的犧牲證明了這一點。作為自由的道德主體且擁有愛的自由,就意味著上帝的創造物也有不愛的自由。路錫甫選擇不愛上帝而專注於自我。上帝若在當時就把路

錫甫就地正法，將會遭致巨大而毀滅性的誤解，因為天使們從未接觸過路錫甫所奉行的某些概念，他們不知道那些自私的想法是邪惡的。他們所知道的只是完美的、自我犧牲的愛，所以他們會認為路錫甫是在相同的條件下採取行動。如果上帝用單方面的力量摧毀了路錫甫和追隨他的天使，那會使未墮落的生物感到震驚，恐懼也會悄然而至，使許多人懷疑路錫甫的作為究竟有沒有道理。

然而，有三分之一的天使受騙並認同路錫甫，認為像天使這樣聰明聖潔的受造物毋須受到上帝的律法掌管。於是他們被摔在地上（啟示錄12：4）。[8]許多年以後，耶穌宣稱魔鬼「從起初是殺人的」（約翰福音8：44）。謀殺也是誹謗的結果，因為它損害了某人的聲譽。耶穌補充說，撒但「不守真理，因他心裡沒有真理。他說謊是出於自己；因他本來是說謊的，也是說謊之人的父」（第44節）。

上帝是如此確信，祂自我捨己之愛的律法可以戰勝任何形式的邪惡，以至於祂把魔鬼摔在了一個星球上，就是祂計畫為「按照祂的形象」而造的新生命建立的家園（創世記 1：26、27），[9] 這是十分特別的創造。當亞當夏娃被造時，上帝警告他們要提防撒但，撒但的字面意思是「敵人」。祂告訴他們要遠離分別善惡樹（創世記 2：16、17），因為祂已將撒但的活動限制在那棵樹上。如果他們吃了它的果子，他們就會死。

當然，這是一個考驗。亞當和夏娃會相信上帝的話並因此戰勝他們的好奇心或意願嗎？後來，夏娃隨意地在樹旁徘徊，而撒但已經準備好要突襲夏娃。他化身為一條美麗的蛇對她說話，對上帝的命令提出質疑：「上帝豈是真說……？」（創世記 3：1）換句話說，你真的相信上帝所說的話嗎？夏娃肯定是深受動物可以向她說話和推理一事所吸引，但她試圖澄清事實（第 2、3 節），因為撒但稍稍錯誤地引用了上帝的話。隨後撒但再次扭曲了上帝的話，說：「你們不一定死。」（第 4 節）這是一個教條式的回應。的確，他們不會立即遭遇肉體的死亡，但會立即知道靈性的死亡！在撒但繼續描繪可以通過吃果子達到更高層次的存在後，「（她）就摘下果子來吃了，又給了她丈夫，她丈夫也吃了。他們二人的眼睛就明亮了，才知道自己是赤身露體」（第 5–7 節）。撒但利用「像上帝一樣」的誘人想法使他們上當（第 6 節），正如他在天上時也渴望成為上帝那樣（以賽亞書 14：14）。然而，他們卻發現，沒有了上帝，他們什麼都不是。遠離了上帝，他們看到了自己真實的赤裸狀況。

　　我只能想像當時的情景：當人類的家庭面臨困境時，上帝的天使總是隨時準備好提供幫助，但圍在樹周圍的他們卻不能喊出：「離他遠點！他在引誘你！」為了拯救夏娃或亞當免於墮落，他們當中不只一位願意犧牲自己。然而，天使們不得不尊重上帝賦予亞當和夏娃的自由意志。他們自願聽從了蛇的建議，正如懷愛倫所說：「天使再也無法保護那些無視其中一條上帝聖律法的人。」[10] 沒有人強迫亞當夏娃無視上帝的話。他們受到了明確的警告。夏娃「不相信上帝的話，這就是導致她墮落的原因。」[11]

　　亞當和夏娃發現，他們不僅沒有因此而經歷更高層次的存在，反而是斷絕了與上帝的聯繫。他們那種一聽到上帝的聲音、或看見祂就向祂奔去的自然傾向，變成了逃避和躲藏（創世記 3：8）。他們知道發生了非常可怕的事情。他們的自由被用於自私的目的，他們現在更傾向於聽那條迷惑人的蛇的話，勝於聽上帝的話。

約伯的教訓

　　伊甸園中的事件使撒但成為「世界的王」（約翰福音 14：30）。他現在有了在天堂作為人類代表的合法權力。原因很簡單：他們跟隨的是他，而不是上帝。撒但一定感到欣喜若狂。他一定覺得他的推理是合理的，即完全順從上帝的律法是愚蠢的，也是不可能做到的。撒但和其他許多的天使，還有現在的人類家庭，都做不到這一點，不是嗎？

約伯的故事使這個問題更具深度與廣度。〈約伯記〉是在摩西當牧羊人時期寫的，[12] 連同〈創世記〉一起，成為以色列人前往迦南旅程中第一部、也是唯一的一部《聖經》。這兩部書卷分別是「苦難之書」和「起源之書」，其作為生活在這世界上的基礎是多麼契合。我們還發現，在約伯時代，魔鬼作為他所征服之世界的代表，可以進入天國（約伯記 1：6、7；2：1、2）。[13] 撒但確信他可以讓世上所有的人跟隨他的世界觀而無視耶和華，所以他非常大膽。聖經學者西格夫・托恩斯塔德（Sigve Tonstad）指出了撒但「從地上走來走去，往返而來」（約伯記 1：7；2：2）和他以前還是當基路伯時、在寶石中間「往來」的相似之處（以西結書 28：14）。[14] 他認為自己是這個地方的主人，而上帝並沒有反駁他。

　　上帝指出他的僕人約伯是一個完全正直的人，他敬畏上帝，遠離惡事。撒但抗議說，約伯的動機是可疑的──約伯忠於上帝，是因為上帝保佑他（約伯記 1：8–10）。然後，他在整個天上的集會面前挑戰上帝：「你且伸手毀他一切所有的；他必當面棄掉你。」（第11 節）上帝選擇忽略這話中的傲慢，因為祂擔心這種挑戰對宇宙的影響。可以說，在那場天國的議會中，有一些人可能想知道撒但的說法是否有理。

　　好吧，我們知道這個故事。撒但被賦予了極大的自由，使上帝的僕人約伯遭受痛苦和折磨。傳統觀念告訴我們，他一定是因為生命中某些重大的罪而受苦。但是整本〈約伯記〉的內容是為了反駁因果報應論，即上帝單方面懲罰罪人，賜福忠心的人。這個議題要複雜得多。這個故事證明了約伯保持了正直，並沒有如撒但所預言的那樣詛咒上帝，儘管約伯錯誤地相信他所有的痛苦都是上帝造成的（約伯記 2：10；3：23；6：4；7：20；9：22；10：7，16、17；13：24；16：9–13；17：6；19：6，8–11；31：23）！雖然約伯因為不明白上帝為什麼要這樣對待他而悲痛欲絕，但他認識上帝的程度足使他相信上帝不會犯錯。然後，在故事的結尾，上帝親自開口，他說約伯論到祂時所說的都是正確的，而不像那些可憐的安慰者（約伯記 42：7）。

　　但是現在最大的驚喜來了：主告訴約伯的三個朋友：「現在你們要取七隻公牛，七隻公羊，到我僕人約伯那裡去，為自己獻上燔祭，我的僕人約伯就為你們祈禱。我因悅納他，就不按你們的愚妄辦你們。你們議論我，不如我的僕人約伯說的是。」（第 8 節）。獻燔祭作為贖罪的贖金，以祭物代替了罪人的死亡。他們合理地為罪人「付了代價」（希伯來書 9：22）。令人驚奇的是，上帝將代禱的工作委託約伯，並且祂將代表約伯的愚昧之友聽約伯的祈禱。為什麼呢？因為約伯已經證明他在任何情況下都信靠上帝。「義人祈禱所發的力量是大有功效的。」（雅各書 5：16）但話說回來，這不是約伯第一次透過禱告為人代求。他的十個孩子喜歡聚會和喝酒，這不是一個敬畏上帝的父親希望他的子女去做的事。但是他愛自己的孩子，並且相信上帝的應許。所以，每當他的孩子們聚會時，「他清早起來，按著他們眾人的數目獻燔祭；因為他說：『恐怕我兒子犯了罪，心中棄掉上帝。』約伯常常這樣行。」（約伯記 1：5），而且他是分別為他的每個孩子如此行。[15]

宇宙交戰規則

　　人們常常對上帝賦予對手撒但騷擾人類的自由感到震驚。如果他是一個可怕的敵人，就像他對約伯和他的家人所做的那樣，為什麼上帝還給他這麼大的自由去傷害人呢？在某些人看來，上帝對祂的敵人似乎比對祂忠實的僕人約伯更好！我們當然不會這樣做，但

我們會思考箇中原因。誠然，我們不會這樣做，因為我們無法看到上帝一直注視的大局。

那麼，大局是什麼？罪的問題不僅是個人的問題，它是一個舉世皆然的問題。甚至連上帝也受到審查。這就是為何使徒保羅說上帝必須證明祂既是「為義，也稱信耶穌的人為義」（羅馬書 3：26）。大衛將上帝對罪人的寬恕與這樣做的正當權利聯繫在一起：「以致你責備我的時候顯為公義，判斷我的時候顯為清正。」（詩篇 51：4）

在這場宇宙衝突中，我的罪實際上連帶影響了無數其他因素。上帝解決這個問題的計畫遠遠超出了我的理解。假設我有懶散的習慣。作為一個有家庭的男人，這種習慣不僅會讓我的妻子哀嘆連連，而且隨著我們的孩子漸漸長大，這種習慣也會變得更加明顯。對其中一人來說，這可能促使對方變得更勤奮、更負責，部分原因是一種潛意識的負面反應，想盡可能避免爸爸的壞榜樣。然而對另一個人來說，這可能會鼓勵他放縱、沉溺於懶散，為自己的行為辯護：「如果爸爸可以這樣做，我為什麼不可以？」這會反過來影響孩子的生活和工作，甚至是他們將來的另一半；當然，還會連帶影響他們自己的孩子，我們可以在此處持續補上這對其它家庭成員、朋友、甚至同事的影響。**罪惡是一種持續增長的癌症，除非有超自然的干預阻止，否則它將污染越來越多的人。**由於這個世界是整個宇宙的

舞台（哥林多前書4：9），[16] 上帝願意以釜底抽薪的方式處理罪惡，即一旦消失，它將永遠消失。

〈約伯記〉的前兩章給我們一個上帝如何安排的提示。神學家約翰·佩克漢姆（John Peckham）在他的著作《愛的神學》（Theodicy of Love）中，將這種安排稱為「交戰規則」。在現今的戰爭中，通常會有交戰規則來控制武力的使用和程度，並規定戰爭的條件和限制。例如，其中一條規則就是不攻擊敵人的醫療船。那是戰爭中的禁區。20 世紀所訂定的日內瓦公約規定「切不可殺害、折磨、滅絕受傷或患病的人，或使其經受生物實驗」。戰俘只能被「要求給出其姓名、職級、出生日期和被捕時的序列號」，並應給予「適當的

住處和足夠的食物」。[17] 有數十個國家都簽署了以上這些規定。

　　由於宇宙之爭是一場善惡之爭，因此雙方就如何在旁觀的宇宙前進行這一爭戰達成了共識。請記住，路錫甫的欺騙能力是擴及整個宇宙中未墮落之生物的。他們在事情初期無法像上帝一樣，從一開始就看清一切。這就是達成共識的原因。

　　約翰・佩克漢姆寫道：「《聖經》證據表明，宇宙衝突中存在交戰規則，因此雙方都知道解決這場衝突而採取的行動限度。」此外，這些規則似乎具有盟約性，也就是說，「它們存在於雙方的雙邊協議中，有效地限制了雙方的行動，而且任何一方都不能單方面改變。」[18] **實際上，上帝拯救或防止傷害的權力是受到限制的，但與此同時，撒但傷害人的權力也是受限的。**當然，這些「動態」限制可以被打破（這也是雙方所預期的）。如果有人自願與那些明顯屬於撒但範疇的活動、人或邪惡之事（如通靈板和降神會）共處，撒但就可以進一步利用他們。反之如果有人禱告、順服和信靠上帝，並以上帝在十字架上的勝利為基礎呼求祂的大能，那麼上帝將獲得對局勢更大的掌控權，去進行幫助和醫治。

　　如果這對你來說是個全新的想法，它聽起來可能會很令你驚訝，甚至有些牽強。上帝與魔鬼簽訂條約？重要的是要認識到這不是兩個平等方之間的條約。它是如交戰規則的條約，很像舊約中各國之

間所見的規則。征服者或更強大的國家會與被征服或較弱的國家簽訂條約。強國承諾不會忽視它，而弱國則在其規定的準則內行動。

我們不了解這些宇宙交戰規則，但是《聖經》提供了關於這一想法充分的暗示。當基督在曠野受試探時，撒但向基督提議的交換條件之一，就是把世界上所有的國度都還給基督，來換取祂的敬拜。他為什麼能提出這個條件？因為正如他所說，「因為這原是交付我的，我願意給誰就給誰。你若在我面前下拜，這都要歸你。」（路加福音 4：6、7）耶穌從未質疑過這句話的真實性。祂只是說，敬拜只屬於上帝（第 8 節）。亞當和夏娃曾經被賦予對地球的統治權（創世記 1：26–28），一旦他們將自己的意志交給了撒但，他們就立即放棄了這個統治權。耶穌自己三次承認撒但是「世界的王」（約翰福音 12：31；14：30；16：11）。有一次，使徒保羅向帖撒羅尼迦的教會透露，他和夥伴曾多次想來探訪，但是「撒但阻擋了我們」（帖撒羅尼迦前書 2：17、18）。這些事都意味著上帝的能力和它接觸世人的管道目前是受限的。祂的本體能力─祂全能的、能做到一切的絕對能力當然不受限制，但祂的道德權力是有限的。祂只能在這場大衝突中所商定的範圍界線內發揮作用。

這是另一個例子。耶穌和祂的門徒去了加利利海東部的加大拉。在那裡他們遇到了兩個被鬼附身的人。這些人被許多鬼控制，以至於他們稱自己為「群」（Legion，指古羅馬軍團），這是一個

由六千名士兵組成的軍事單位。當他們看到耶穌時，立即認出了上帝的兒子，突然之間他們「大聲呼叫說：『至高上帝的兒子耶穌，我與祢有什麼相干？我指著上帝懇求祢，不要叫我受苦！』」（馬太福音 8：29；馬可福音 5：7）該事件表明，在邪惡天使受到最終的審判之前，有商定的時間界限（彼得後書 2：4；猶大書 6）。上帝保證在那之前不會毀滅他們。如〈啟示錄〉20 章所示，那個時刻將在千禧年結束時到來，而不是耶穌在世上傳道的時候。

禱告影響交戰規則

即使我們沒有被告知宇宙交戰規則的細節，但我們知道兩件關於它們極其重要的事情：「信心」和「祈禱」。信心和祈禱是這一約定的關鍵組成部分。如果人們憑著信心祈禱，上帝的能力就會擴大，祂為世人代禱的能力也將大大增加！祂具有法律和道德上的權利，可以限制惡者的影響，使那些憑著信心祈禱的人受益！這是如何做到的呢？

耶穌親自舉了一個例子。在祂被出賣的當夜，當基督和祂的門徒在樓房時，祂對彼得說：「西門！西門！撒但想要得著你們，好篩你們像篩麥子一樣；但我已經為你祈求，叫你不至於失了信心，你回頭以後，要堅固你的弟兄。」（路加福音 22：31、32）注意，**撒但請求允許動搖彼得的信心，以測試他，就像他在幾個世紀前對**

約伯所做的那樣。彼得是耶穌的主要門徒，他曾在所有人面前宣告效忠主，甚至願意為耶穌而死（約翰福音 13：37）。但撒但和耶穌都比彼得更了解他自己。撒但預料到彼得的弱點，誘使他在別人面前誇夸其談，在園子裡睡著了，而不是為夫子和自己祈禱（馬可福音14:32、33，37、38），最後在社會上最底層的人面前否認救主（約翰福音 18：15–18，25–27）。彼得失敗了，他在最關鍵的時刻慘敗。但是耶穌憑著信心為彼得禱告，他就得痊癒。他為自己的大罪悔改，繼續謙卑地牧養基督的羊群，甚至願意為主人犧牲自己的生命（約翰福音 21：15–19）。

若耶穌沒有為彼得祈禱，誰知道他的情況會糟到何等地步！如果不是耶穌為他禱告，誰知道深刻的沮喪和絕望是否會讓這位熱心

的門徒終生遠離基督和傳道的事工？那天晚上，沒有其他門徒為彼得祈禱；但這不是問題所在，因為撒但的目的就是想利用彼得來破壞基督的救贖工作。如果他能使耶穌主要的門徒叛變，他就可以誇口說，上帝的應許和管理，就如同他自從天堂之戰一直以來所說的一樣不合理。當天改變命運的代禱者是耶穌。

信心和祈禱是善惡之爭的關鍵。在我們不祈禱的日子裡，敵人就一步步逼進。但在我們禱告的日子裡，基督就擁有正當的權利告訴敵人：「你只能到此為止，不可再得寸進尺。」這就是以色列人戰勝敵人的經驗，「摩西何時舉手，以色列人就得勝，何時垂手，亞瑪力人就得勝。」（出埃及記 17：10、11）

當我們不祈禱、不憑信來到主的面前時，上帝的活動就會受到限制，就像最近的新冠肺炎（COVID–19）大流行導致全世界的經濟衰退一樣。上帝的能力並沒有減弱，但這樣做的道德理由沒有得到充分的支持。如果上帝僅僅因為祂大有能力而單方面行事，那麼魔鬼就會說：「祢為什麼要幫助這些人？他們並沒有求祢幫助他們。他們因我吩咐他們做的事情分心了。他們並沒有像他們說的那樣真正相信祢。祢說過要誠信。誠信要求祢不去幫助那些不太關心祢的人。」因此，就上帝本身而言，祂依然是全能的，但祂可能會因人的選擇的因素而無法做祂本來能做的事情。

耶穌公開傳道後第二次探訪拿撒勒時，祂當時在會堂裡的言論再次給百姓留下了深刻的印象。這些人是祂的子民和家人。耶穌在那個城市長大。祂肯定在木匠舖裡曾經為一些人做過傢俱。祂一定希望祝福他們，就像祝福迦百農、伯賽大和其他加利利城鎮一樣。但這是不可能的：「耶穌就在那裡不得行什麼異能，不過按手在幾個病人身上，治好他們。」這是多麼悲慘！但為什麼呢？馬可說耶穌「也詫異他們不信」（馬可福音 6：1-6）。

與魔鬼有能力向我們施加任何災難、分歧或疾病相比，不信才是上帝在祂子民中欲實行強大工作時更大的阻礙。我們在上一章中探討的、那被鬼附的男孩及其故事，也表達了同樣的觀點（馬太福音 17：20；馬可福音 9：23、24）。最大的、應被驅趕的「惡魔」，乃是缺乏信心。

「富有同情心的救主今天依然活著，祂願意聽信心的祈禱，就像祂親自在人間一樣。自然與超自然合作。**上帝計畫的一部分是回應信心的祈禱，如果我們不求，上帝將不會給予。**」[19]

請開口祈求、祈求、祈求！耶穌需要你祈求。祂需要我們教會中的所有人來祈求。我們當中有越多的人憑信祈求，耶穌就越能在界定的範圍內自由行動，向撒但開戰。

小組討論或個人思考

1 路錫甫為什麼要與上帝爭鬥？

2 當路錫甫和他的追隨者叛變時，上帝為什麼不消滅他們？

3 上帝的天使為什麼不能阻止夏娃吃禁果？

4 撒但以何為立場，為何他膽敢以地上的代表出席天堂的會議？

5 評論約伯為孩子和朋友的代禱。當約伯禱告時，上帝為何聆聽？

6 你對上帝與撒但均受「交戰規則」的局限有何想法？

7 你能引用《聖經》證據指出此類「交戰規則」嗎？

8 代禱對這種「交戰規則」有何影響？

註釋

1. 羅傑・莫諾，《更多關於禱告的奇妙回應》（馬里蘭州黑格斯敦：評閱宣報®，1993），59–63 頁。

2. 龍的身份容易辨認；聖經說龍是「古蛇和撒但」（啟 12：9）。米迦勒身分更具挑戰性。見註釋 4。

3. 在聖經中，「星辰」常常象徵天使（士 5：20；伯 38：7；賽 14：13；啟 1：20）。

4. 「米迦勒」在《聖經》中出現五次，每次都是在衝突或戰爭的背景下出現。在但以理書 10：13，他被認定為「大君之一」。在但以理書 10：21 中，天使告訴但以理，米迦勒是「你的大君」。在但以理書 12：1 中，米迦勒是「大君」。在猶大書 9 節，他被認定為「天使長」，或天使的首領。在但以理書 9：25 中，彌賽亞被認定為「受膏君」。在帖撒羅尼迦前書 4：16 中，「主親自降臨。……用天使長的聲音。……在基督裡死了的人必先復活。」耶穌說「死人要聽見上帝兒子的聲音」（約翰福音 5：25）。所以根據耶穌和保羅的說法，天使長米迦勒是神的兒子。根據先知但以理，米迦勒是彌賽亞。顯然，在道成肉身之前，上帝的兒子將自己與他的創造物天使視為同等，並被稱為「米迦勒」：意為「誰像上帝！」。

5. 希伯來語動詞 rakal 的字面意思是「四處走動，從一個到另一個（為了交易或閒話）」。見理查 M. 戴維森，〈以西結書 28 章 11-19 節和宇宙爭戰的源頭〉，《大爭戰和邪惡的終結》，Gerhard Pfandl 編著（馬里蘭州：聖經研究所，2015），68 頁。

6. 理查・萊斯（Richard Rice），《苦難與尋找意義：當代對苦難問題的回應》（Downers Grove, IL：IVP Academic，2014），47 頁；原文重點強調。

7. 「可見，在耶穌臉上閃耀的榮耀是自我犧牲的愛的榮耀。在髑髏地的亮光中，我們會看到捨己之愛的法則是天地間的生命法則；『不求自己』的愛源於上帝的心；並且在溫柔謙卑的人身上彰顯了祂的品格，祂住在人無法接近的光中。」懷愛倫，《歷代願望》（密西根州戰溪：評閱宣報®，1898），20 頁；強調補充。

8. 「他開始暗示對支配天上存在的法律的懷疑，暗示雖然法律對於世界上的居民來說可能是必要的，但天使更加崇高，不需要這種限制，因為他們自己的智慧就足夠指導。」懷愛倫，《先祖與先知》（密西根州戰溪：評閱宣報®，1890），37 頁。關於這個主題的最佳著作是《先祖與先知》的第一章，題為「為什麼允許犯罪？」那一章的每一頁都充滿了智慧，清楚地表明了這場爭戰論的開端及其原因。

9. 「上帝選擇這個惡魔纏身的地方來創造地球和人類，這似乎令人震驚。但事實上，它包含了一個影響深遠的教訓。矛盾的是，上帝的救恩就在拒絕他的地方顯現出來——這個世界是由黑暗和虛無創造的。」Jacques B. Doukhan，《啟示錄的秘密：希伯來人眼中的啟示》（馬里蘭州黑格斯敦：評閱宣報®，2002 年），110 頁。

10. 懷愛倫，《先祖和先知》，256 頁。

11. 懷愛倫，同上，55 頁。她還補充說：「在審判中，人們不會因為他們認真地相信謊言而受到譴責，而是因為他們不相信真理，因為他們忽視了了解什麼是真理的機會。」

12. 懷愛倫寫道：「這段時間（在米甸當牧羊人）期間，在聖靈的啟示下，他寫了〈創世記〉和〈約伯記〉。」〈摩西〉，《時兆》，1880 年 2 月 19 日，第 1 頁。

13. 直到耶穌復活，魔鬼才最終被禁止進入天堂。這就是耶穌在十字架前幾天所預料到的，他說：「我看見撒但像閃電一樣從天上墜落」（路加福音 10：18）。現在所有天上的人都相信聖子是對的，而魔鬼在撒謊。

14. Sigve K. Tonstad，《理智之神和無意義的傳統》（Eugene，OR：Wipf & Stock，2016），246 頁。

15. 懷愛倫說約伯「為他們單獨獻祭」。見《基督復臨安息日聖經註釋》，卷 3（華盛頓特區：評閱宣報®，1954），1140 頁。

16. 保羅所說的全文是：「因為我們成了一臺戲（英文聖經原詞為 spectacle：奇觀），給世人和天使觀看。」「奇觀」一詞源自希臘文 theatron，它也是英語 theater（劇院）的字源。翻譯成「世界」的詞在希臘原文是 kosmos，或 cosmos。

17. 參見「日內瓦公約」，History.com，最後更新於 2018 年 8 月 21 日，https：//www.history.com/topics/world-war-ii/geneva-convention。

18. 約翰 C. 佩克漢姆，《愛的神學：宇宙衝突和邪惡的問題》（密西根州大急流城：貝克學院，2018），107 頁。

19. 懷愛倫，《善惡之爭》（華盛頓特區：評閱宣報®，1911），525 頁；強調補充。

IN THE NAME

Power to Pray for   OF JESUS
People and Places

HOLY BIBLE

第 **9** 章

撒但的勢力終將結束

　　當我們想到擺在我們面前的艱鉅任務時，我們當中大多數的人都想轉身離開，感覺自己已經被擊敗了。該如何用福音征服諸如東京、北京、加爾各答和紐約等、既龐大又不信神的城市呢？我們會說：這是不可能做到的！我曾經去過上述這幾個城市。而在每座城市中，我們都有一些復臨教會，但是，若和千千萬萬、對於我們所提供的福音絲毫不感興趣的世俗人士相比，這些零星的教會又算得了什麼呢？

　　我們忘記了，一個人只要信念堅定，就能取得很多成就。你讀過《橋上的賀雷修斯》（Horatius）的故事嗎？在羅馬成為共和國前，

它的最後一位國王是驕傲的塔昆（Tarquin）。他是一個殘酷、自私的暴君。最終，在公元前六世紀後期，羅馬人民廢黜了他，將他流放。但是，塔昆與伊特魯里亞軍隊（Etruscan）簽訂了一項條約欲攻打羅馬，以便他能重新奪回這座城市。羅馬人沒想到伊特魯里亞人會襲擊他們，所以他們沒有為入侵做好準備。在前往羅馬的路上，首先看到敵人的是城外的農民。他們立即跑到羅馬尋求庇護。羅馬按戰略考量建在台伯河的另一端，只有一座橋可以到達。

龐大的敵軍令羅馬士兵心生恐懼，他們也向橋跑去並躲在城牆後。羅馬軍隊的一名低階軍官賀雷修斯意識到，如果敵人佔領了這座橋，他們就會進攻並佔領羅馬。於是他站在橋頭，開始擊退每一個想嘗試過橋的敵軍士兵。兩名高級軍官加入了他的行列，他呼籲其他人摧毀他們身後的橋。他們三人不斷受到攻擊，但他們堅守陣地。兩個人最終因傷勢過重而退守，但賀雷修斯沒有後退一步。他決心不惜一切代價捍衛這座橋。橋樑倒塌後，他跳入台伯河水域，並設法游到安全地帶。伊特魯里亞軍隊將一個人對一座城的保衛視為諸神不會與他們同在的凶兆。令驕傲的塔昆極度憤怒的是，這整支軍隊竟然就這樣鳴金收兵了。受了重傷的賀雷修斯成為往後幾代羅馬人心目中的英雄。他們再也沒有讓自己被任何一個國王所統治。[1]

　　一個信念堅定的人可以對很多人以及未來幾年產生深遠的影響。上帝一直在尋找有信心的人，願意為別人向祂懇求，直到有答案為止。當找不到任何一個人時，上帝會深感失望（以賽亞書 59：16；63：5）。在以西結的時代，上帝為耶路撒冷的罪孽嘆息。祂的先知是腐敗、謀殺和偷竊的（以西結書 22：25）。祂的祭司不分世俗和聖潔，褻瀆安息日（26 節）。祂的首領像豺狼一樣，為得不義之財而傷害人命（第 27 節）。祂的眾先知說虛假的異象和謊言（第 28 節）。上帝說：「我在他們中間尋找一人重修牆垣，在我面前為這國站在破口防堵，使我不滅絕這國，卻找不著一個。」（第 30 節）

　　我們是否願意站在破口之中？摩西願意。當亞瑪力人出人意料地來攻擊沙漠中的以色列人民時，摩西告訴約書亞，在他上山為勝利祈禱時，約書亞要起身對抗亞瑪力人。只要他祈禱，以色列就有可能取得勝利。當他停止祈禱時，敵人將佔上風（出埃及記 17：8–13）。禱告是那天勝利的原因。

　　如果我們憑著對上帝的信心來實踐，祈禱將成為我們對城市和社區佈道取得勝利的關鍵。「我們爭戰的兵器本不是屬血氣的，乃是在上帝面前有能力，可以攻破堅固的營壘，將各樣的計謀，各樣攔阻人認識上帝的那些自高之事一概攻破了，又將人所有的心意奪回，使他都順服基督。」（哥林多後書 10：4、5）

為上帝贏得城市

在〈以弗所書〉第 6 章中,我們看到與賀雷修斯的故事相反的
情境,這是一種進攻策略而非防禦策略。讓我說明,〈以弗所書〉6
章 10–20 節表明,跟從耶穌的人需要穿上「上帝的全副軍裝」。我
們被吩咐要用真理當作帶子束腰、用公義當作護心鏡遮胸、拿著信
德當作盾牌並戴上救恩的頭盔、又拿著聖靈的寶劍。因為敵人是由
「執政的、掌權的、管轄這幽暗世界的,以及天空屬靈氣的惡魔」
(12 節)組成的。我們還被告知要穿上「平安的福音,當作預備走
路的鞋穿在腳上」(第 15 節)。有些人認為這應該譯作和平福音的
「裝備」,因為提到的物品都是盔甲裝備的一部分,但是正確的翻
譯卻是「準備」。[2] 那麼,這到底是什麼意思?

　　有趣的是，大多數的聖經註釋根本沒有談及這個問題，但懷愛倫卻提到了。在她的著作中，有 16 處直接引用了〈以弗所書〉6 章 15 節，「平安的福音當作預備」。有兩件事因此變得十分清楚：第一，「準備」與我們在見證工作中對恩典和基督形象的理解和運用有關；第二，這項工作必須向前推進。她以一個從事救靈的門徒尋找失喪者的背景來詮釋這節經文。[3] 在懷愛倫看來，使徒保羅所描繪的景象並不是一支退縮的軍隊，只是為自己抵禦黑暗勢力。相反，上帝的軍隊正在進攻，準備佔領敵人的領土。

　　保羅在寫這封信時，在監獄裡看著他的羅馬士兵穿著皮革製的羅馬涼鞋，皮革從腳部包裹至小腿中間，底部有鐵釘，以提供更好的附著力。在肉搏戰中，他們必須站立得穩。如果他們滑倒或跌倒，敵人就有機會傷害或殺死他們。儘管受到敵人的打擊，但能夠站立而不倒下對他們至關重要。

　　儘管上帝大部分的軍裝旨在保護自己免受「那惡者一切的火箭」（第 16 節），但保羅指出軍裝中的兩件物品是具有攻擊性或向前移動的含義：聖靈的寶劍——上帝的話語，即《聖經》，以及承載和平福音的鞋子。[4] 在舊約中可以看到好消息和腳（鞋子走到哪裡）之間的聯繫。在〈以賽亞書〉61 章 1 節中，有一個關於彌賽亞的預言，祂「傳福音給貧窮的人」的同時，也「醫好傷心的人」。而在〈以賽亞書〉52 章 7 節中，我們看到了一幅古代戰爭的畫面，

一名受差遣回到城裡的信使，分享他們軍隊的作戰情況。如果他們被擊敗了，國王就岌岌可危，但是如果戰勝，國王則繼續掌權。

> 那報佳音，傳平安，報好信，傳救恩的，
> 對錫安說：「你的上帝作王了！」
> 這人的腳登山何等佳美！

因此，好消息與積極主動的行動有關，即分享上帝為我們所做、或正在為我們做的事情。然而，保羅三次告訴我們「站立得住」或「站穩」（以弗所書6：13、14）。這是為什麼？

保羅腦海中浮現的或許是兩種可能的戰鬥場景：在野外或山谷中彼此對峙的兩支軍隊，或圍攻一座城市的一支軍隊。在後者情況下，對圍攻城市的人來說，他們所面臨更大的危險與「火箭」有關。城牆上的弓箭手可以輕易地射出箭矢，使來犯的軍隊遭受巨大的損失。這就是保羅告訴我們站立的原因。拿著信心的盾牌，當那些箭飛過時，我們必須蹲在盾牌後面。敵人一定會射出箭。那是魔鬼的唯一策略（第16節）。如果我們轉身逃跑，我們肯定會被擊中後背，並可能遭受殺害。保羅說：「又用平安的福音當作預備走路的鞋穿在腳上。此外，又拿著信德當作盾牌，可以滅盡那惡者一切的火箭。」火箭一飛過，耶和華的軍隊將穿著和平福音的鞋子，繼續朝著城市前進。

　　你可能會想：**這是哪個城市？**保羅寫信給以弗所教會的幾年前，耶穌說：「我要把我的教會建造在這磐石上；陰間（Hades）的權柄（權柄：原文是門），不能勝過它。」（馬太福音 16：18）Hades 這個詞由兩個希臘詞組成，意思是「看不見的」或「陰間」，指的是死亡或墳墓。這裡的語境背景是指永遠的死亡。因此耶穌說的是祂的教會將勝過死亡之門。

　　現在，我們可以更清楚地了解保羅的想法。在〈以弗所書〉6 章 10–20 節中，保羅發表了一篇號召的演說，就像將軍或國王在參戰前對部隊所做的那樣。他告誡上帝的教會要完全穿著上帝的軍裝，帶著和平的好消息和《聖經》的寶劍前進，攻破撒但城堡的城牆或大門。敵人藉著欺騙和勸阻俘獲了許多生靈，並將其安置在他的監獄圍牆之後。而我們——在耶穌的命令和領導下的教會，必須前進以釋放他們！克林頓・阿諾德（Clinton Arnold）也許是在屬靈戰爭方面最著名的新約學者。他堅持認為「屬靈戰爭既是抵抗也是宣告」。教會身穿上帝的軍裝，她也向前邁進，向世界宣講耶穌的好消息。「**上帝的聖言和聖靈的工作是教會的裝備，它們會反抗撒但並搶奪他的領土。**」[5]

　　這是上帝對教會的呼召。在你我周圍有成千上萬的人希望獲得釋放。只要他們知道如何逃脫。「我的弟兄姐妹們，在你們附近有一些生靈，如果有人為他們明智地工作就會歸主。莊稼成熟了，是靠活出聖言而準備的。」[6]

重大的改變能夠實現

我們可能會認為，與我們的團隊一起在附近、或在城市的某個特定區域祈禱，不太可能對這場與黑暗勢力的鬥爭產生重大影響。它能做些什麼呢？請記住，我們無法看到上帝和天使所看見的。為我們在街上、社區、商店、地鐵上看到的人祈禱，將使上帝有正當的地位來遏制魔鬼的力量。撒但騷擾和欺騙人的權力主要是基於人們的無知。只要他們不知道該向誰尋求幫助，他們就更脆弱。但是，當你和我為人們祈禱時，耶穌可以指出，我們這些代禱者是祂現在有權代其行動並遏制邪惡影響的原因。

只要我們認真聽從上帝的吩咐，並像以色列人繞著耶利哥的城牆而行，我們就能為上帝做偉大的事情。「當祂的子民對自己低估時，主會感到失望……因祂對他們有大用處。當他們對祂提出最高要求時，他們可以榮耀祂的名，祂就因此喜悅。如果他們對祂的應許充滿信心，他們就可以期待大事。」[7] 上帝的首要願望是透過祂末日的餘民來工作，但祂也會透過任何願意相信祂的人工作。

里斯·豪威爾斯（Rees Howells）是一位非常親近耶穌的英國牧師。他學會將自己的一切需要和願望交託給上帝。當他還在世時，他的禱告生活在英格蘭和威爾斯就已成為傳奇。作為一所聖經學院的負責人，豪威爾斯一直為福音傳遍全世界祈禱。在 1920 年代，德

國的納粹領導人開始進行軍事強化。歐洲擔心德國會再次企圖征服世界。直至 1925 年，義大利、英國、法國、比利時和德國在義大利洛迦諾（Locarno）簽署了一系列條約。如果其他三國之間的條約被破壞，條約將使英國和義大利成為擔保人，其目的是遏制德國的野心。然而，多年來，納粹在軍事上不斷擴張，希特勒日益增長的民族主義言論使歐洲眾多百姓感到非常不安。

1934 年 12 月 26 日，里斯・豪威爾斯（Rees Howells）帶著為各國祈禱的巨大負擔覺醒，要求上帝為福音的緣故避免一場意料之中的戰爭。1935 年 1 月 1 日，他領導的學校致力於「每個生靈的願景」。他們知道歐洲的戰爭會大大地阻礙福音。「戰勝希特勒」是聖靈向他們傳達的信息。

他們開始為國家和民族，

以及個別傳教士和社會代求……

他們的祈禱成為至關重要的戰略。[8]

　　毫無疑問，歐洲許多其他基督徒也在祈求上帝介入地緣政治事務，但是他們是否為所有國家進行策略性祈禱，深信他們的祈禱實際上能改變歷史的進程呢？德國最終佔領了萊茵蘭。自 1919 年凡爾賽條約（Treaty of Versailles）以來，萊茵藍一直由盟軍控制。豪威爾斯為此祈禱並禁食了三週。在公元前六世紀，先知但以理也曾經禱告並禁食了三週，目的是替那些被瑪代波斯帝國控制的子民求情，而上帝應允了他的禱告（但以理書 10：1-14）。歐洲和德國之間的鬥爭又持續了兩年。1938 年，希特勒吞併了奧地利，並計畫接管蘇台德地區，後者是捷克共和國的一部分，當地主要是德裔居民。

　　現在，歐洲真的處於戰爭邊緣。希特勒曾向他身邊的一些人吐露，他被一個聲音所指引，告訴他應該做出哪些決定。希特勒聽從這個聲音，因為這個聲音從未讓他失望。[9] 英國是唯一有能力在戰爭中與德國交戰的國家。但他們還沒有為戰爭做好充分的準備。希特勒確信英國還沒有準備好保衛捷克斯洛伐克，並認為他應該在 1938 年 10 月發動戰爭！與此同時，豪威爾斯不斷祈禱：「主啊，讓希特勒屈服吧！」

　　1938 年 9 月 17 日，媒體宣布英國、德國、法國和義大利之間的和平談判訂於 9 月 29 日於慕尼黑舉行。豪威爾斯領導的學校立即進行禱告。9 月 30 日，慕尼黑條約簽署，允許德國保留入侵的地區，暫時避免了戰爭進一步擴大。

　　你可能會想這禱告是否真的有效？畢竟，第二次世界大戰之後仍舊發生了。是的，確實如此，但它被推遲了整整一年。在 1938 年 9 月至 1939 年 9 月之間，英國大大擴充了其軍事力量，為戰爭做好準備。如果沒有這樣的前提，納粹在歐洲的推進將更無可阻擋，其後果到了今天可能依然存在。上帝聽了豪威爾斯以及學院師生們的代禱。戰爭爆發後，該學院為敦克爾克（Dunkirk）的撤離做了直接和自我犧牲式的代禱，使成千上萬被困在法國的盟軍倖免於難，並為德國入侵俄羅斯的失敗進行代禱——此舉後來被證明是納粹戰爭機器終結的開始。[10]

　　重點很明確：當我們聚集在一起，忠實地為城市、人民和國家代禱時，上帝會為了祂的使命之優先事項而聆聽我們的禱告，向黑暗的世界傳福音。

　　你願意加入代禱團隊嗎？

小組討論或個人思考

1 當你聽到賀雷修斯（Horatius）的故事及上帝的請求：「我在他們中間尋找一人……站在破口防堵……卻找不著一個」，這讓你有何感受？

2 你相信自己已經穿上了上帝的全副軍裝嗎？你能提出什麼證據證明這是真的？

3 你對基督復臨安息日會採取攻勢，試圖營救被撒但的謊言俘虜的人這一概念有什麼想法？

4 你對里斯・豪威爾斯和他的聖經學院為上帝與希特勒對抗而祈禱的事蹟有什麼看法？對你來說這事蹟聽起來是否有些極端？

5 對於平凡人而言——如教會的教友，真的有可能為整個國家祈禱並期望發生地緣政治的變化嗎？一個人如何達到這一點？

註釋

1. 這個故事可以在許多來源中找到。其中之一是維基百科，「Horatius Cocles」，最後修改於 2020 年 6 月 6 日，https://en.wikipedia.org/wiki/Horatius_Cocles

2. 參閱哈洛 W. 霍納，《以弗所書：釋經註釋》（密西根州大急流城：貝克學院，2002），842、843 頁。

3. 例如，參見以下著作中的陳述：《論文字佈道》（加州山景城：太平洋出版社®，1953），90 頁；《佈道論》（華盛頓特區：評閱宣報®，1946），114、174、564、639 頁；《傳道良助》（華盛頓特區：評閱宣報®，1915），305 頁；《教會證言》卷 8（加州山景城：太平洋出版社®，1948 年），211、212 頁；《教會證言》卷 9（加州山景城：太平洋出版社®，1948 年），48 頁；《福利事工》（馬里蘭州塔科馬公園：評閱宣報®，1952），100 頁；《出版事工》（馬里蘭州黑格斯敦：評閱宣報®，1983），306 頁；《反映基督》（馬里蘭州黑格斯敦：評閱宣報®，1985），240；以及《退休歲月》（馬里蘭州黑格斯敦：評閱宣報®，1990 年），37 頁。

4. 參見 John B. Polhill，《保羅與他的書信》（田納西州納什維爾：Broadman and Holman，1999），373、374 頁；以及 Eckhard J. Schnabel，《宣教士保羅：實情、策略及方法》（Downers Grove，IL：IVP Academic，2008），148、149 頁。有些學者，例如霍納，並不贊同上帝的盔甲只專門用於防禦目的。根據文本，我們也將看見為何這是一個有限的觀點。

5. William F. Cook III 和 Chuck Lawless，《聖經故事情節中的屬靈戰爭：聖經、神學和實踐方法》（田納西州納什維爾：B&H Academic，2019），255 頁。

6. 懷愛倫，《佈道論》，114 頁。

7. 懷愛倫，《歷代願望》（密西根州戰溪：評閱宣報®，1898），668 頁。

8. 這個引人入勝的故事引自諾曼格魯布的敘述，《里斯豪威爾斯：代禱者》（賓州華盛頓堡：基督教文學與十字軍東征，1980），207 頁。

9. 英國駐德國大使掌握了希特勒簽署協議的內幕消息，原則上他永遠不會簽署：「希特勒對自己（簽署慕尼黑條約）感到惱火。他的一部分追隨者不斷慫恿他與英格蘭作戰，要趁（英國）在軍事上毫無準備之時。他們責備他接受了慕尼黑協議，因此錯過了最有利的機會。……他向來聽從的聲音告訴他……沒有比那年十月更合適的（開戰）時刻了；但這一次，他不得不無視那個聲音，聽從謹慎的勸告。……他第一次被迫聽取相反的意見，他對自己聲音的信心和人民對他的判斷的信心動搖了。……（他後來對英國首相張伯倫說，有些怨氣）：「你是唯一令我做出讓步的人。」格魯布，《里斯豪威爾斯：代禱者》，210 頁。

10. 格魯布，231–240、247–250 頁。

PART

2

充分發揮的力量

奉耶穌的名求
IN THE NAME OF JESUS
Power to Pray for People and Places

儘管我已經祈禱了數十年、也帶領並教導關於祈禱之事多年，但我絕不是一個禱告策略專家。我也不確定這種專業知識是否存在。因此，在接下來的各章中，關於行走禱告或其他禱告策略的內容是在略帶些實驗性質中與之共享。

在某些教會和文化中行之有效的做法，在其他教會和文化中未必有效。即使在基督復臨安息日會的統一信息背景下，各教會和文化之間也存在著巨大差異。因此，不妨將接下來的各章內容視為建議，更多的是激發你自己的思維和創造力，讓你知道在你周遭的環境該怎麼做，而不是訂出某種必勝的成功祕訣。若想成功，建議您複習前面各章，其內容包含基本的相關原則。

當我們在生活和社區中認真尋求上帝的領導時，祂會引導我們並賜予我們成功。**重要的是要投身其中——憑信心祈禱並決志持之以恆地做下去，直到我們看到上帝的回應。因行動遠比方法更重要。**

IN THE NAME
Power to Pray for   OF JESUS
People and Places

第 10 章

「行走禱告」是什麼？
為何要如此行？

　　行走禱告是指獨自或與他人一起祈禱，專注於行走時見到的人和路過的地方。行走禱告，與在家或在教會裡為人禱告相較，其最主要區別在於你不能僅僅只是想像你代禱的對象，或者冒著忘記他們是誰的風險。你要為你看到的人、或為你了解的人祈禱，而他們正是在你看的到的地方生活或工作。[1]

　　為看不見的人祈禱需要更多的專注和自律，而且更容易從這些目標中分心。注視禱告目標往往可以幫助禱告者更加專注，對這個人的生活或遇到的困難及其細節更加留心，即使你還未真正認識這

個人。行走禱告實際上可以讓你變得更敏銳——使你對世界上的陌生人更具同情心。它幫助人們更加理解上帝拯救整個世界脫離罪惡和死亡的艱巨任務。

獨自行走禱告

我們獨自行走禱告是有益的，因為它使我們更貼近上帝的心。還記得保羅在雅典的事件嗎？《聖經》說保羅「看見滿城都是偶像，就心裡著急」（使徒行傳 17：16）。保羅正在等待西拉和提摩太，他們在庇哩亞做佈道工作的後期階段，帶領新信徒加入教會（使徒行傳 17：14、15）。[2] 在等待期間，使徒的足跡一定已經遍及各處，他行走、禱告，然後再多行幾步路。眼見那裡到處都是不認識上帝的人，一定不禁讓他思考，上帝將如何拯救像雅典這樣一個既崇拜偶像、又充滿知識分子的城市。這就是為何他在這座城市「心裡著急」的原因。

我和我的妻子現在住在韓國首爾的一個郊區。我們距離北韓邊境僅 25 英里（40 公里）。請記住一點，嚴格來說，這兩國仍處於戰爭狀態，北韓政府頻繁地測試彈道飛彈，這使南韓對其北方的鄰國常感到不安。

首爾這座城市是世界上人口第二大的城市，約有 2 千 3 百萬人

居住在都會區。[3] 儘管這個國家有超過四分之一的人口信奉基督教
——迄今為止除菲律賓以外，這比例在亞洲國家之中是最高的——
但大多數在首爾的人都被繁重的生活和工作壓得喘不過氣，他們很
少或根本沒有時間認識上帝。許多人過著不敢奢望未來的生活。韓
國的自殺率也是世界上最高的國家之一，甚至高於日本。

我們認識了幾個與我們建立友誼的人，我們祈求他們能在生活
中走出黑暗，進入上帝的光明。我們為鄰居祈禱。當我在家時，我
每週會在附近祈禱兩到三次。我們住在 203 號第 14 層的一間公寓大
樓裡。在我們這一區中還有九棟像我們這樣的公寓大樓。我估計這
十棟建築中大約有 2,182 人居住。可能還有更多。這些是離我們最
近的鄰居。

舉例說明，在我撰寫本章的那天晚上，我走過 202 號樓，一
個大約七、八歲的男孩正從他七樓的公寓望著窗外。於是我祈禱：
「主，保佑那個小男孩。賜福他的父母。賜給他們養育他的智慧。
請以某種方式，帶領那個男孩認識祢，信任祢，並最終愛祢勝過世
界上的一切。願他成為祢手中的工具，帶領他的家人和其他人歸向
祢。」在 205 號樓和 206 號樓的入口處有幾名送貨員，他們徒勞
地等待著人們來開門。我為他們做出的禱告是：「天父，請將祢的
聖靈賜給這些人。他們努力工作，但工資微薄，工作風險也高，需
要騎著摩托車穿梭在車水馬龍的市區中。請將祢的平安沛降在他們

身上。也請祢眷顧與他們的工作有關的挫敗感——但願魔鬼不會趁虛而入利用他們。希望他們能感受到有人認識他們並對他們感到關心。」

每次我走過 210 號樓時，我都為我們的牧師和他的家人祈禱。那是他們過去居住的地方。目前，在那棟樓裡住著兩個年紀約十幾歲的兄弟，他們走出大樓外時常常聽著音樂，過著表面上無憂無慮的生活。我也為他們祈禱。207 號樓的對面是一家小型的家庭超商，就像許多由年長的韓國人經營的便利商店一樣，他們是這個國家貧苦勞動者的代表。我也替這位因少有顧客光臨而總是在看電視的老闆禱告：「親愛的上帝，差派祢的天使與這個人同在。喚醒他湧現對於超越生活所需、更高更好的渴望。讓他與顧客、鄰居或朋友聯繫，分享認識祢的喜悅。願他被祢發現並跟隨祢。主啊，求祢供應他的需要。」

在 208 號樓前，有一個年輕女子正在倒垃圾。於是我祈禱著：「親愛的上帝，願這位女士感覺到天堂裡有人在眷顧她。願祢喚醒她內心對祢的渴望，也許是透過拜訪她所住的大樓對面的基督教教堂。請為她提供一個朋友，可以代表她成為聖靈的工具。」

我第一次開始為我的鄰居禱告時，在行動的頭一天，我向上帝祈求一個信號，表明這是祂對我的旨意。我求上帝讓我有機會能

與某些人進行有意義的接觸，作為那天行走禱告的結果。現在，你必須了解一件事：我不僅外表看起來像個外國人，而且我也不會說韓語。如果我連他們的語言都不會說，我還能與任何人產生什麼有意義的接觸呢？不過，上帝還是按照祂的習慣回應了我的禱告，這就是我愛祂的原因之一，正如詩人所說的（詩篇 116：1、2）。當我從 209 號樓走到 208 號樓時，我的心中充滿了上帝的愛。我看到兩名年長的婦女正奮力地試圖從人行道旁的樹上摘下一些成熟的柿子。這兩位婦女年事已高，身材矮小。其中一位試圖用她的拐杖採柿子，但沒有成功。我看到了這種情況，立即走到他們那裡，伸手拉下幾根樹枝，讓她們摘下果實。我很榮幸、也很快樂可以幫忙她們做這件事。你真該看看他們臉上流露的喜悅之情，以及他們對這位前來幫助他們、高大的陌生人所表示的深切感激。沒錯，即使我們之間沒有任何語言的交流，這也是一次有意義的接觸。上帝的確

回應了我的祈求。

我必須承認，在我行走禱告時，我也經常將其他人包括在內，而那些人並不是我身邊的人。我會為我在美國已成年的子女祈禱，會為我們部門面臨的嚴峻情況，甚至為我自己祈禱。因為當我行走並為別人祈禱時，我更加意識到我需要愛人，就像上帝愛我一樣。

一起行走禱告

因此，我們可以在社區或職場附近獨自行走禱告，例如，為所看到的人設想和祈禱。這麼做最重要的是保證我們確實做到了除了為最親密的人以外的其他人祈禱，而我們可能在家中經常忘記這樣做。但是，獨自行走禱告的選項仍然應該排在一起祈禱之後（單獨祈禱主要應該在私下進行，單獨與上帝相處）。一起禱告是耶穌吩咐新約信徒要做的事情。

懷愛倫撰寫過不少篇幅，詳細描述了從基督升天到五旬節這十天期間，在樓房所發生的事情。[4] 耶穌的跟從者專注於祂過去三年中對他們的教導。他們回顧了祂曾說過關於祂的死亡和復活的話。他們彼此建立了親密的關係。他們一起唱歌讚美上帝。他們決心大膽地與其他人分享上帝為世界所做的一切。這群一起禱告的人，正是數日前，幾乎分裂和沮喪的同一群人（路加福音 22：23、24）。

一起禱告使他們更緊密地聯繫在一起。

懷愛倫極力主張採取一個簡單的基本策略來接觸城市：

主已將我在城市中必須完成的工作呈現在我面前。這些城市的信徒可以在自己家附近為上帝工作。他們不張揚而謙卑地工作，無論他們走到哪裡，身上都應帶有天國的氛圍……

信徒們為何不對那些不在基督裡的人感到更深切、更誠摯的關切？為何不兩到三個人在一起，懇求上帝救贖某個特別的生靈，然後又祈求另一個呢？……

那位永不犯錯的主向我展現了小組的成立，其可作為基督徒努力的基礎。如果在一個地方只有兩到三個認識真理的人，就讓他們組織成一組工人。讓他們保持不間斷的結合，在愛與團結中團結一致，互相鼓勵，在彼此的幫助下勇往直前。[5]

懷愛倫說，與你附近的其他人聚在一起，為他們祈禱，保持團結，向他們伸出援手。這並不複雜。如果這是「一位永不犯錯的主

耶穌」的忠告，那麼我們一定會成功的。

　　然而，要將人們聚在一起禱告是多麼困難啊！在一份史上針對性格和文化所做的最大規模的研究之一，美國人被認為是典型的個人主義社會。許多人在生活中似乎只要有自己就好，而完全不需要別人。[6] 儘管這在西方國家比較常見，但令人驚訝的是，在東方社會也是如此！我現在已經在這裡生活了四年，可以清楚看到這一點。在諸如日本這樣高科技的社會中，儘管家庭關係和社區非常重要，但仍有很大比例的人口獨自生活，其中超過三分之一的人居住在世界最大的城市——東京。在現代社會，我們已經習慣了自給自足。過去五十年的科技進步更使這樣的趨勢變本加厲。但是基督徒必須願意逆勢而行。成功的簡單關鍵是一起禱告！而一起禱告意味著一起出聲祈禱（當然不是同時祈禱），而不是在同一個房間裡單獨、默默地祈禱。如果我們願意花時間為垂死的世界做出犧牲，那麼上帝肯定會獎勵我們的努力和服從。

行走禱告不包括哪些事工？

　　至此階段，我有必要對哪些事不屬於「行走禱告」這項事工的範疇來做出說明。在行走禱告運動中，有些人將其與屬靈爭戰並對抗某一領地之邪靈聯想在一起。他們視行走禱告為一種手段，可以約束並主宰一個城市或一個社區中的邪靈。有幾本書是以此為觀點

撰寫的。[7] 但是，這並不是行走禱告事工的最佳方法。

正如先前第 8 章內容所暗示的，《聖經》確實暗示了某些佔據地方的邪靈。耶穌說撒但是「這世界的王」（約翰福音 12：31）。在〈但以理書〉中，我們讀到了一種超自然的邪惡，它被稱為「波斯王國的魔君」（但以理書 10：13）和隨後第二個被稱為「希臘的魔君」（20 節）。[8] 保羅還說，我們的鬥爭不是「與屬血氣的爭戰，乃是與那些執政的、掌權的、管轄這幽暗世界的，以及天空屬靈氣的惡魔爭戰」（以弗所書 6：12）。一些《聖經》解經家甚至在這節經文中看出了邪惡天使的四個階層。

上帝的忠告是我們不可直接與這些邪靈作戰，好像我們可以征服魔鬼。祂要我們穿上祂的軍裝並且跟隨耶穌基督，祂才是能夠成功對抗邪靈的人。正如使徒保羅說「你要為真道打那美好的仗」（提摩太前書 6：12），並要常在基督裡面（約翰福音 15：4、5）。但以理的故事在這方面十分具有啟發性。當天使加百列無法承受「波斯魔君」的力量時，他召喚上帝的兒子米迦勒來完成這項工作（但以理書 10：12、13）。我們在任何地方都看不到先知但以理與魔鬼或他的爪牙直接作戰，因為就連加百列也需要幫助。

耶穌也確實給了祂的跟從者權力，可以奉祂的名趕鬼（馬太福

音 10：8；馬可福音 3：15；路加福音 9：1）。而且有證據表明，有時候這樣做是成功的（路加福音 10：17），儘管在某些時候也會遭遇失敗（馬可福音 9：15-18）。但是我們絕不能忘記一點：趕鬼並不是上帝透過我們動工的最終證明。仔細聽耶穌的話：「凡稱呼我『主啊，主啊』的人不能都進天國；惟獨遵行我天父旨意的人才能進去。當那日必有許多人對我說：『主啊，主啊，我們不是奉你的名傳道，奉你的名趕鬼，奉你的名行許多異能嗎』？我就明明的告訴他們說：『我從來不認識你們，你們這些作惡的人，離開我去吧！』」（馬太福音 7：21-23）

趕鬼不應該是一件由基督徒主動發起的事。這是當受到黑暗勢力挑戰時，他們可以做出的回應。這是基督自己的方法。但祂從不主動尋找被鬼附身的人來趕鬼。當那些被魔鬼俘虜的人前來向祂求助時，祂只是讓他們得到釋放。

需要盟友

在拯救生靈的工作中，上帝需要盟友。祂可以獨自完成這項工作，但是祂選擇讓我們參與祂對世人的恩典（哥林多後書 5：20）。上帝限制了祂的影響力和能力，以便我們可以參與這個過程。這確實很深奧！

聽聽這個發人深省的承諾：

> 世俗的智慧告訴我們祈禱是沒有必要的。科學家聲稱禱告不會得著真正的答案。這是違背法律的，而奇蹟亦是不存在的。它們代表上帝受自己律法的約束。但是基督今天願意聆聽信心的禱告，就像祂在人間隨處可見、走訪四方的人一樣。自然與超自然合作。這乃是上帝計畫的一部分，要我們響應信心的祈禱，如果我們不祈求祂，祂便不會賜下。[9]

這是一個了不起的承諾。上帝在他的主權意志中允許足夠的靈活性，使我們的代禱和我們的請願能夠真正改變事件的進程。還記得里斯・豪威爾斯（Rees Howells）和他的學校嗎？如果沒有人為第二次世界大戰不輕啟戰端而費盡心思向上帝祈禱，也許戰爭會提前一整年爆發，戰爭可能會帶來更大、更可怕的後果。如果上帝不需要盟友，為什麼祂還要費心聽祂的孩子為別人祈求呢？然而，我們一次又一次地在《聖經》中發現人們確實開口祈求上帝介入。上帝親自敦促那些內心純潔的人有這樣的想法。祂不是在亞伯拉罕面前逗留，讓他有機會代表所多瑪和蛾摩拉求情嗎（創世記 18：17–22）？[10]儘管最初遭到以色列人的拒絕，上帝難道沒有容許摩西代表任性的以色列祈求祂的憐憫嗎（出埃及記 32：11、12）？祂不是吩咐以利法請約伯為他和他的朋友們代禱，使他們得以生存嗎

（約伯記 42：7、8）？上帝需要盟友為失喪的人們工作，而我和你也可以成為與耶穌結盟的人，並以此造福他人。

　　幾年前，我讀到一個故事：一天晚上，有一個人在與朋友一起查經之後，學到一個新的禱告概念，其中包括上帝對代禱之人的回應。[11] 他想知道，現今上帝是否還會像在聖經時代那樣對人講話。當這個年輕人查經結束開車回家時，大約是十點鐘，他開始祈禱：「上帝，如果祢現在仍然會對人說話，請對我說話，我會聆聽。而且我會盡我所能的遵行祢的話。」

　　過了一會兒，他有個奇怪的念頭，想停下來買一盒牛奶。他搖了搖頭，大聲說：「上帝，是祢嗎？」他沒有得到回應，繼續往家的方向開去。但是，這個想法又來了：**去買一盒牛奶**。

經過一番掙扎，這個年輕人決定停下來買牛奶，以防這是上帝讓他有這種想法。但是由於他不知道該怎麼做，就繼續開車回家。

當他經過第七街時，他再次產生一種衝動：**轉回那條街！**他認為這實在太瘋狂了，於是繼續開車駛過十字路口。但是這種想法依然纏繞著他的心。於是他回轉往第七街駛去。他開了幾個街區，突然之間，他覺得好像應該停下來。他停在路邊，環顧四周。他在鎮上的住商混和地區。這不是鎮上最安全的地方。商店打烊了，大多數房屋看上去很暗，表明人們已經就寢。

但是隨後，一個清晰的想法再次浮現在他腦海之中：**去把牛奶送給對街那棟房子裡的人**。年輕人看著那間房子。透過窗戶他看不到任何燈光。看起來好像屋主不在家或者他們已經睡了。他打開車門，但隨後又坐了回去。他抱怨道：「主啊，這太瘋狂了，那些人已經睡了，要是我叫醒他們，他們會勃然大怒，而我也會顯得很愚蠢。」但是再一次，他覺得他應該把牛奶送過去。

最後，他穿過馬路，按了門鈴。他聽到裡面有些聲音。

一個男人的聲音大聲喊道：「是誰？你想幹什麼？」

就在這個年輕人打算離開之前，門打開了。裡面的人穿著牛仔

褲和圓領 T 恤站在那兒。他看起來好像剛下床。「你想幹什麼？」他不耐煩地說。

那個年輕人把一盒牛奶遞給他說：「這是我買給你的。」

屋子裡的那個人立即接過牛奶，衝到走廊。接著，年輕人看到一個婦女端著牛奶向廚房走去。男人跟在她身後，他抱著一個嬰兒悲傷地哭泣。此刻，這個男人——顯然是嬰兒的父親——已經淚流滿面。

他解釋說：「我們只是向上帝祈禱尋求幫助。這個月我們有些大筆賬單需要支付，我們的錢用光了。我們甚至沒有錢為孩子買牛奶。我祈求上帝告訴我，我該怎麼做才能得到一些牛奶。」他的妻子從廚房大聲喊道：「我向上帝祈禱，請祂派一個天使送牛奶來，請問，你是天使嗎？」

你是天使嗎？

上帝需要盟友。如果那天晚上那個年輕人不願祈禱怎麼辦？如果他不願意聽上帝的聲音並信任祂，事情又會如何發展？那個嬰兒和父母那天晚上需要幫助，而上帝在城裡找到了一個盟友，為他們帶來所需的幫助。

上帝需要盟友，就在今日。而這個世界也需要代禱者。

小組討論或個人思考

1 定義何謂行走禱告，以及為什麼任何人都應該如此行。

2 思考一起禱告與獨自禱告的區別。為什麼當一群人單獨默禱時，不能說他們是一起祈禱？

3 懷愛倫如何描述向城市宣教的基本策略？

4 參加行走禱告事工時應避免什麼？

5 上帝真的需要世上的盟友嗎？沒有我們，祂就無法完成聖工推展的工作嗎？如果祂能，祂為什麼不如此行呢？

註釋

1. 克里斯・史考菲爾德（J. Chris Schofield）將行走禱告定義為多方面的：① 行走和禱告，②不斷禱告的生活方式，③為大使命刻意禱告，④屬靈的戰爭禱告，以及 ⑤ 以異象為導向的禱告。參閱克里斯・史考菲爾德，《行走禱告變簡單》2020 年 8 月 12 日檢索，http://web.kybaptist.org/web/doc/prayerwalkingbooklet.pdf

2. 參閱懷愛倫，《使徒行述》（華盛頓特區：評閱宣報®，1911），233 頁。

3. 附錄 B 中列出的聯合國數據顯示，首爾的人口約為 1000 萬。但是有幾個 150 萬到 300 萬人口的城市亦附屬該都會區，使整個大都會區約有 2300 萬人口。

4. 見懷愛倫，《使徒行述》，35-38 頁。

5. 懷愛倫，「拯救靈魂的工作」，《復臨評論與安息日先驅》，1902 年 8 月 12 日，第 8 頁。

6. Robert N. Bellah、Richard Madsen、William M. Sullivan、Ann Swindler 和 Steven M. Tipton，《內心的習慣：美國生活中的個人主義和承諾》（加州伯克利：加州大學出版社，1996）。

7. 例如，C. Peter Wagner，《與敵人交戰：如何對抗和擊敗領土精神》（密西根州大急流城：貝克，1991）；C. Peter Wagner 編著，《領土精神：以屬靈之戰粉碎敵人的實用策略》（賓州希彭斯堡：命運形象，2012）；Cindy Jacobs，《擁有敵人的大門：武裝代禱培訓手冊》第 4 版，（明尼蘇達州布盧明頓：精選書籍，2018）；和 John Dawson，《為上帝爭取我們的城市：如何打破精神堡壘》（佛羅里達州瑪麗湖：魅力之家，2001）。儘管這些書中的一些方法對聖經的理解或令人難以接受，但絕不是全部。其中也有一些非常有價值的見解。建議讀者在閱讀時仍要以緊貼著聖經的內容和語氣為基礎。有關相關警告，請查看 William F. Cook III 和 Chuck Lawless，《聖經故事情節中的屬靈戰爭：聖經、神學和實踐方法》（田納西州納什維爾：B&H Academic，2019），279–282 頁。

8. 我們很容易假設這位波斯魔君是岡比西斯，他是但以理故事中波斯國王居魯士的兒子。但是，要說天上最高的天使加百列無法抵擋岡比西斯這樣的人間統治者，是說不通的。這個故事表明，加百列需要幫助來對抗這位「波斯魔君」，並得到了來自米迦勒——上帝兒子之名的幫助（見但以理書 10：13）。

9. 懷愛倫，《善惡之爭》（華盛頓特區：評閱宣報®，1911），525 頁；強調補充。

10. 創世記 18：22 的希伯來文直譯為：「那些人從那裡轉身往所多瑪去，亞伯拉罕卻仍站在耶和華面前。」但是，這說法有一個問題。它暗示亞伯拉罕是阻擋或阻止上帝的

人——站在主面前——然而那時，亞伯拉罕在各個方面都表現出、且持續表現對「全地」上帝的順從（第 25 節）。「有充分的理由扭轉角色，」舊約學者德瑞克　基德納寫道。他建議這一節應該讀作「但主仍然站在亞伯拉罕面前」，並提出他的論點（德瑞克　基德納，〈創世記：導論與註釋〉，《丁道爾聖經註釋》（伊利諾伊州唐納格羅夫：校際，1967），133 頁）。復臨舊約學者似乎同意這一點，認為目前的翻譯方式是「抄寫更正」，以避免出現亞伯拉罕不敬的表現。給出的理由對於這種性質的書來說有點技術性，但它們是合理的。見雅克 B. 杜坎，〈創世紀〉，《基督復臨安息日會國際聖經註釋》（愛達荷州南帕：太平洋出版社®，2016），248 頁。

11. 故事的一個來源是「一個年輕人的故事」，http://www.gmu.edu/org/mnu/test1.html。GMU 是喬治梅森大學的簡稱，它是美國維吉尼亞州最大的研究型大學。

IN THE NAME
Power to Pray for   OF JESUS
People and Places

第 **11** 章

組織團隊

　　一個成功的禱告事工團隊首先需要的，是對可能達成的事創造願景。召集地方教會或復臨機構，花時間閱讀本書的第一部分，以及每章結尾的討論題目。思考這些事，並為你所學的內容禱告。你可能還需要閱讀本書附錄 A 中列出的一些聖經應許，為其中內容提出討論並祈禱。

　　一旦你對可能的願景有了異象，就要花時間為整個項目禱告。為你計畫行走禱告的地區禱告，為教會禱告，為彼此禱告，也祈求聖靈引導團隊的組建，以及整體的禱告計畫。

進行組織

該如何組建一個行走禱告隊呢？在某些情況下，將樂意參加且彼此熟識的志願者、簡單地分成若干小組是合適的分組方式。例如，如果有 20 個人願意參加這個事工，你可能需要分成 5 組，每組 4 人，每組有男有女，也許還有不同年齡的人。但是，這通常需要一個相當成熟的整體團隊，一個確實致力於該計畫的小組。

在大多數情況下，簡單地將人們自然分組可能會更容易。也就是說，讓小組中的人選擇他們想加入的團隊。這可以讓組織的過程更舒服、避免不快。面對新事物時，人們傾向於與自己熟識的人一起進行。這可以減輕從事新冒險時的壓力。要記住的重點之一是保持平衡。如果你發現 20 個人中有一個小組有 8 個人，而 6 個小組每個只有 2 個人，那麼你可能要呼籲至少幾個人從 8 人小組中加入到其他的小組。

在某些更注重群體的文化中，牧師或主要的領袖可以利用安息日早上崇拜聚會的一些時間，或延長的靈修時間（在機構中）將願意的參與者分成小組。在一些南美洲文化中，他們視安息日為重要的活動時刻。期望創建許多小組，讓所有活躍的教友都可參與。

你可能會遇到只有兩個人的小組，但如果其中一個人生病或有一天無法參與，那一天就很容易無法成行。基於這個原因，還是建

構以三個人為基本人數的小組比較好，以防其中一個人無法成行。對於有正職或有家庭責任的人所組成的小組尤其如此。記住所羅門的智慧之言：「有人攻勝孤身一人，若有二人便能敵擋他；三股合成的繩子不容易折斷。」（傳道書 4：12）

有三類人很容易成為行走祈禱者。一個或多個小組可以由年輕人組成。青少年天生就有與朋友一起參與社交活動的傾向。何不讓三、四個，甚至五個年輕人組成行走禱告小組呢？青少年群體會影響其他青少年，組成更多的團隊。例如，他們可以選擇在放學後立即在他們的地區禱告，然後才起程返家。

另一個自然組別是在家工作的年輕母親。如果他們有嬰兒或年幼的孩子，他們可以在孩子們在嬰兒車睡覺時，與其他一兩個人一起進行行走禱告。

而另一個自然組別是可以自由支配時間的退休人員。[1]

退休人員和禱告隊

由退休人員組成的行走禱告團隊其主要優勢是他們的時間有更大的彈性。另一個事實是，老年人往往更了解步行對健康的益處。第三個優勢則是由於他們的生活經歷豐富，因此他們能夠真正理解

為他人代求的巨大需要。很少有人能像那些在上帝的事物上有長期經驗的人那樣，以成熟的心態和對上帝的信心來為人代禱。有時，我們為教會老化的實情感到惋惜。但是，有許多**年長的會眾在代禱方面具有明顯的優勢。長者通常可以委身於每天或至少每週進行數次的行走禱告，而且相信上帝會回應他們的禱告。**

請閱讀下面這則奇妙的見證：且看上帝如何回應十九世紀末、一位住在倫敦北部之老婦人的祈禱。

德懷特‧慕廸（Dwight L. Moody）是美國芝加哥市的一位著名牧師，當時一場可怕的大火燒毀了這座城市的一大部分地區，包括他的教堂。在處理完這場悲劇並獲得了重建教堂的資金後，慕廸去英國暫時休養生息。他的目的之一是保持低調，聽取其他一些傳道人的意見，例如查爾斯‧司布真（Charles Spurgeon）和喬治‧穆勒（George Müller）。

然而，在倫敦參加的一場聚會中，另一位牧師認出了他，後者邀請他在下週日的早上和晚上到他的教堂裡講道。慕廸接受了。早上他向一大群人講道，但是教會似乎對屬靈的事情完全沒有興趣。他的講道沒有發揮力量。他證實道：「這似乎是我做過最艱難的事情。」慕廸對接受了晚上的講道承諾感到後悔。但是當天晚上聚會時，在他講道的中途開始發生了一些事情。聽眾的冷漠態度有了

180度的轉變，他說「天堂之窗」打開了！突然，人們顯得很感興趣，甚至渴望回應上帝的靈。因此，經驗豐富的慕廸在其信息結束時，呼召了那些希望委身的人站起來。於是，有數百人站了起來。他完全沒想到會有這樣的迴響。他認為他們可能是誤解了什麼，於是請他們再次坐下，並宣布他將為那些真正想委身於基督的人舉行一場後續的聚會。

有一大群人留下來參加這場會後的聚會。即使是牧師也無法解釋這樣的發展。慕廸再次發出呼召，仔細列出他所說的、對基督徹底委身的意義。再一次，整個會眾將近 500 人站了起來。慕廸告訴當地的牧師，他需要持續跟進此事，並宣布教會將在本週剩餘的時間裡，每天晚上舉行聚會。慕廸則按原先計畫，於早上離開前往愛爾蘭。

慕廸一抵達都柏林，就收到教會牧師的電報，上面寫著：「馬上回來。教堂擠滿了！」於是慕廸又折返，回到倫敦，並在接下來的十個晚上每晚都講道。結果單單在那個教堂，就有 400 名新基督徒接受洗禮！這場始於該教堂和社區的重大復興，傳遍了倫敦，許多教堂也經歷了類似的復興。

但慕廸花了整整兩年才知道究竟是什麼原因促成了這巨大的轉變。在這麼短的時間內，那間教會是怎麼從靈性冷淡，變成對上

帝有如此熱烈的回應呢？他後來了解到該教會有兩位年長的姐妹，他們住在同一所房子裡，但其中一位是終年臥床的。她過去多年一直很積極地為上帝服務，但是現在她無法走路，也因此變得沮喪。然而，有一天在禱告時，她意識到自己現在能為上帝做的工作就是禱告，為他人代禱。她每天為自己的教會禱告，祈求上帝實現祂的應許。她的教會就像老底嘉教會一樣睡著了，沒有反應。每個星期天，當妹妹從教堂聚會回來時，她都會問教會的狀況以及當天是誰講道，希望能看到任何改變的跡象。令人沮喪的是答案總是一樣的。但是，當她在慕廸講道的周日問起這個問題時，她的妹妹說：「今天有一位來自芝加哥的慕廸先生來講道。」

姐姐立刻變了臉色，說道：「我知道這代表什麼意思。我們這個老教會要發生大事了。不要幫我準備晚餐，我今天下午必須禁食禱告！」[2]

幾年前，這位親愛的姐妹在一份名為《守望者》（The Watchman）的宗教刊物上讀到慕廸的一篇文章，她為此深受感動，於是祈求上帝將這個人從美國帶到她的教會講道！是的，上帝帶領了慕廸來到倫敦，來到她的教堂。那天晚上，在晚間服事進行到一半時，教堂裡的聚會情況發生了變化。這些變化翻轉了這座城市和慕廸的事工，這全是因為一位無法再起身工作的長者決定代表她的教會去搖動上帝的手，直到情況發生變化。禱告改變了一切。就像

其他祈禱者一樣，祈求上帝的應許，
老年人也可以為世界帶來深遠的影響。

團隊委身

　　與您的小組相處融洽不會花很長時間。最初幾次一起出去禱告
會令人興奮和感到新鮮，這將是繼續前進的充分動力。祈禱幾個星期
後，一些不安可能會漸漸浮現。這可能是因為小組中的一個成員禱告
時聲音太小，以致其他成員聽不到他或她的禱告。或者可能因為一個
人的話太多，或者另一個人總是遲到，而其他成員不得不等待。

　　撒但會利用我們性格上的弱點或不良的習慣來對付我們。他的
第一步始終是沮喪，然後是懷疑，最後是失望。[3]禱告小組必須預先
想到這一點並做好準備。敵人最希望的是我們放棄為鄰居和社區代
禱。他和他的同黨知道禱告的力量。「鬼魔也信，卻是戰驚。」（雅
各書 2：19）你絕不能讓這種情況發生。一個好方法是共同立下承諾
或擬訂合約。

　　團隊第二次聚集並進行行走禱告時，他們應該選擇一個組長。
更重要的是，他們應該花幾分鐘時間立一份簡短的誓約——集體合
同或契約——並簽署。該立約書將闡明其使命和目標，並表明他們
對履行這項事工的承諾。下一頁是一個立約書範例：

行走禱告立約書

奉耶穌的名，為祂的福音
我們為人行走禱告並謹立此約

我們 _____

_____

_____

(所有團隊成員的名字)

在此承諾將代表 _____

(社區或城市區域的名稱)

行走禱告。其他加入我們團隊的人也必須以此為共識。

我們承諾如此行，因為我們相信耶穌在這個社區中預備了許多人回應祂和復臨教會的信息(約翰福音4：35；使徒行傳18：9、10)。我們以摩西為榜樣，他禱告直至上帝的使命完成(出埃及記17：10-13)。

我們承諾將在每個 _____ 和 _____ (表示一週中的指定日)行走禱告，除非天氣或其他特殊原因不利於我們行動。若是如此，我們將約定在 _____ 聚集禱告或透過電話(或網路視訊)一起禱告。我們尊重且重視所訂定的行走禱告日和時間，並將竭盡所能遵守並執行。

我一願一去

我們承諾將定期參加與其他禱告小組共同舉行的禱告會和報告會議，與他人分享並聆聽他人見證上帝在我們中間所做的。

我們將為所看見和還未見過面的人禱告，隨著對他們的了解日益增多，我們將代表他們祈求更具體的事項。

我們承諾熟讀上帝關於禱告的應許，並且牢記其中的一些應許。

我們承諾在指定區域內行走祈禱，直到＿＿＿＿＿ 年＿＿＿ 月＿＿＿日 (註明日期，從團隊開始祈禱之日起至少六個月或一年)。屆時，我們將評估下一階段事工，以此作為原來事工將持續或調整的依據。

我們期望上帝在我們繼續祈禱時打開機會之門(歌羅西書4:2-4)，並在其出現時力求做好準備。我們將與人們一起，為他們所求的禱告，並向他們提供刊物或其他閱讀材料協助他們認識主。

＿＿＿＿＿＿＿＿＿＿＿＿ ＿＿＿＿＿＿＿＿＿＿＿＿ ＿＿＿＿＿＿＿＿＿＿＿＿
簽名　　　　　　　　　　簽名　　　　　　　　　　簽名

＿＿＿＿＿＿＿＿＿＿＿＿ ＿＿＿＿＿＿＿＿＿＿＿＿ ＿＿＿＿＿＿＿＿＿＿＿＿
簽名　　　　　　　　　　簽名　　　　　　　　　　簽名

＿＿＿＿＿＿＿＿＿＿＿＿ ＿＿＿＿＿＿＿＿＿＿＿＿
地點　　　　　　　　　　日期

　　在你簽署團隊立約書的當天，你可能還需要選擇一名書記或記錄員。此人將是團隊成員之一，負責保存與事工相關的記錄和報告。這些記錄可以成為與其他團隊、教會或機構分享的見證資料來源。與他人分享上帝的作為會加深我們對上帝的信心。懷愛倫說：「如果我們嘗到並見證主的良善，那麼我們必定有見證要與人分享。」[4]

　　以下是一些可以注意或記錄的事項：

- 注意特定人士的特徵和行為。這些人是團隊最常看到且引起團隊注意的人。這將有助於開始為他們進行重點禱告。

- 我們需要上帝的恩典和大能來攻克敵人的特定據點。例如，附近的一間酒吧、因販毒被人所知的一棟房子、有家暴問題的家庭、或眾所周知的濫用職權或剝削員工的執行長或公司。

- 某位團隊認識的人正在尋找上帝，在生活中遇到困難，或可能準備好回應聖靈。

- 祈求任何敞開的門和機會，例如有人向團隊提問，或有機會贈送文字佈道材料，或有機會與人禱告。

當一個團隊在行走禱告前首次聚集祈禱時，他們可以將其中一些事項放在禱告中，並不斷向天上祈求，藉此越來越看清上帝動工的證明。

禱告隊名單

本書的附錄 B 列出了世界上所有人口在一百萬以上的大都市。該列表上共有 548 個城市，總計 1,780,113,000 人，這幾乎是截至 2018 年全球人口的四分之一！到了今天，這個數字無疑將更多。名單上還包括聯合國對 2030 年的人口估計。**在列表中，有一欄是我列出每個城市中應該從事行走禱告最基本的團隊數量。但是，最基本的理想數量應該是這個數字的十倍！與其說為每 10 萬人組織一個禱告隊，不如說應該是每 1 萬人就有一個禱告隊。所以，你可以在每個團隊數量旁邊添加一個零。**

現在，我知道這似乎勢不可擋：世界上最大的城市至少需要 3750 個禱告小組！這幾乎是該城市今日所有活躍的復臨信徒人數。一個擁有一百萬人口的「小」城市將需要 100 個禱告小組。想一想，如果禱告小組知道他們是如此大規模行動中的一份子，可以為失喪者代禱，他們會得到多麼大的鼓勵！

2020 年，基督復臨安息日會全球總會發起了「**我願去**」（I Will Go）的使命倡議。主要目標是「**復興全球宣教的概念，並以為宣教犧牲作為生活方式**」，「**加強和拓展本會在大城市的宣教活動**」，以及「**將開發資源用於向非基督教的宗教和信仰體系宣教，並以此作為優先事項**」。[5] 在城市和社區中為失喪之人提供系統性的、有組織的行走禱告，是非常符合以上這些目標的。

區會和宣教領袖、教會和家庭都需要制定計畫，並開始用行走禱告覆蓋他們的城市，即使條件遠非理想，每一萬人只有一個禱告小組。但隊伍越多越好！奉耶穌的名──請在此刻就展開行動吧！

小組討論或個人思考

1 在你所屬的地方教會或復臨機構中，如何組織行走禱告小組最有效？

2 作者認為有哪些人應該很容易組成行走禱告團隊？你的教會或機構中是否還有其他團體也可以參與？

3 你如何看待倫敦那位年長的婦女，她的禱告得到上帝的回應，給她的教會帶來了重大的復興？

4 為什麼在團隊聚集禱告時制定一份契約是明智的？

5 在從事行走禱告事工時，記錄重要事件的報告有何意義呢？

6 在你居住的地方，理想的基本祈禱團隊應該有幾個？你準備好加入行走禱告團隊了嗎？

註釋

1. 有很多方法可以組織在城市或社區中的禱告。在本章中，我試著讓這件事情變得容易實行。然而，另一個不錯的選項是查閱 Barbara Lardinais 的《行走禱告》，哈拿的櫥櫃，https://hannahscupboard.com/ prayer-walking/。

2. 我第一次讀到這個見證是源自 S. D. Gordon 的一本書，《安靜的禱告談話》（Uhrichsville，OH：Barbour，1984 年）。這個故事也可以在 Jerry Falwell 的著作《你未曾擁有是因你尚未祈求》之中找到，Little Flock Fellowship Church，2000 年 2 月 19 日，http：//lffc.org/id23.html。

3. 參閱懷愛倫，〈上帝之愛〉，《時兆》，1889 年 4 月 15 日，第 2 頁。

4. 懷愛倫，《喜樂的泉源》（華盛頓特區：評閱宣報®，1956），78 頁。

5. 參見 I Will Go 網站 https：//IWillGo2020.org。

HOLY BIBLE

第 12 章

一起上街行走禱告！

　　步行時祈禱是與上帝相處，並與他人建立聯繫的一種美妙方式。即使你最終可能沒能與街上的任何人交談，但你知道你已和上帝的靈一起為其他的生靈工作，並與他們建立了聯繫。不知何故，你會有一種感覺，你確實站在上帝這一邊，正在向一個垂死的世界伸出援手，為祂的使命作出貢獻。

　　假設你是復臨教會或復臨機構的一員，你已經選定了小組，並確定了禱告的地點。接下來，你準備開始你的行走禱告事工。一個成功的事工有哪些步驟呢？這其中有三個步驟，這是從廣受歡迎的美式足球賽中得到的啟發。這三個步驟是集合討論、上場比賽和慶祝。且讓我一一說明。

步驟一：集合討論

最理想的情況是，所有的禱告團隊（至少是大多數的團隊）在同一週內開始這項事工。這時他們會聚集討論。在美式足球中，當一支球隊擁有發球權時，在他們執行比賽前，隊友們會擠在一起，圍成一個圈，決定如何執行下一個進攻策略。

讓我們想像以下情境，這取決於在一特定情況下的參與人數：

復臨教會或機構			
團隊成員	禱告日	步行地點	團隊隊名[1]／隊長
退休人員	星期日，星期三，星期五，安息日	社區和公園	晨間的散步人／喬老師
同事	星期一，星期四，安息日	商業中心，公車站／轉運站，購物中心	就是要禱告／小金
年輕的媽媽	星期二，星期四，安息日	鄰近街區	媽媽走路／利亞媽媽
年輕人	星期一，星期三，安息日	學校或購物中心附近商圈	與耶穌閒逛／派翠克
教會的朋友	星期日，星期二，星期四，安息日	城市重點區域	靈命勇士／秀雅姐妹

最好每週至少有兩天、再加上安息天的行走禱告。有些團隊可能每週可以進行三天甚至更多天，但是如果可能的話，所有的團隊都應該計畫在安息日也這樣做。上帝在安息日賜予額外的祝福。[2]

當一個教會或一個復臨機構準備好發起這項活動時，儘管可能會有一些例外，他們的第一次行走禱告應該安排在安息日下午。[3]所有的團隊應該計畫在安息日上午的崇拜後一起吃午餐或一起享用教會所準備的餐點。之後，由教會牧師或機構負責人帶領（視情況而定）。

聚集所有的團隊

在首次執行活動的安息日，應該計畫兩到三個小時的共同活動時間。小組應該做的第一件事是唱幾首專注於信心和使命的歌曲。向那些在黑暗中的人們伸出援手是這一切行動的意義所在。然後，牧師或機構負責人應歡迎所有人並禱告，祈求聖靈沛降，讓上帝的愛佔據他們的心。只有當我們察覺到上帝對我們的愛時，我們才有能力愛人。[4]然後，最好檢視一下每個團隊行走禱告的地點。在地圖上確實標示這些地點，或是顯示每個區域的衛星圖像，以便所有組別都知道其他人將在哪裡服務。

在進行了簡短但重要的檢視後，接下來就是團隊複習一些上帝

應許的時刻（見附錄 A），他們甚至可以為這些應許禱告，然後彼此分享上帝將如何與他們每個人同在！這裡有一些例子：

「耶穌走遍各城各鄉，在會堂裡教訓人，宣講天國的福音，又醫治各樣的病症。他看見許多的人，就憐憫他們；因為他們困苦流離，如同羊沒有牧人一般。於是對門徒說：『要收的莊稼多，做工的人少。所以，你們當求莊稼的主打發工人出去收他的莊稼。』」（馬太福音 9：35–38）這個應許的重點是耶穌對眾人的憐憫，以及祂對那些願意向失喪者伸出援手之工人的祈禱。

請注意，耶穌並沒有要求我們為更多的信徒加入教會而祈禱，而是要求我們為更多的人禱告，讓他們願意與祂同工，召集那些預備加入祂的人！因此，後續祈禱可以是這樣的：

親愛的上帝，感謝祢向我們展示，祢對我們每天在城市和社區中所看到的不知名人群懷有極大的憐憫。感謝祢，這城市有成千上萬乘坐地鐵和公車上班，以及無數在街上和高速公路上行駛的人，對祢而言，他們不僅僅是一群人，他們是祢為之犧牲的靈魂。祢為他們每一位都付出了極高的代價，每個人在祢眼中都是寶貴的。當我們今天看到眾人時，請賜予我們祢的憐憫之心。請不要讓我們認為他們

只是城市景觀的一部分，是容易被忽視，沒有重點的背景。主啊！請賜給我們像祢一樣的心，讓我們對今天所見到的每個人都能感受到極大的愛與憐憫。親愛的父神，感謝祢允許我們有特權在很小的程度上實現了祢的兒子兩千年前的禱告，要求更多的工人進到田裡。今天，我們認為自己是耶穌的工人，我們願意並且已準備好進入上帝的園地，尋找拯救那失去的靈魂。

在平行的文本中，路加這樣描述耶穌的話：「你們當求莊稼的主打發工人出去收祂的莊稼。」（路加福音 10：2）我的好朋友德里克‧莫里斯（Derek Morris）博士根據這節經文寫了一本很棒的小書。他指出，在《新約聖經》原文中，希臘語動詞「打發」的真正意思是「拋出去」。換句話說，耶穌要祂的門徒做一個非常大膽的禱告，而不是一個微不足道的禱告。[5] 這是一個在極大的勇氣之下、全然拋出去所做的激進禱告。因為有太多的事需要完成！

一、兩個甚至更多的聖經應許也應包括一些耶穌敦促我們奉祂的名祈求「任何事物」和「無論何事」的經文。例如，以下是我最喜歡的應許，即使它很難想像：「所以我告訴你們，凡你們禱告祈求的，無論是什麼，只要信是得著的，就必得著。」（馬可福音 11：24）然後，你可以祈禱：

哦，主啊，天上的上帝，祢告訴祢的門徒，如果他們
相信祢，他們可以為任何事祈禱，而那些事就會發生。這
是何等深遠的應許！親愛的天父，祢是多麼仁慈、又有恩
典，祢做出如此全面的承諾，並將其交到像我們這樣有罪
的人手中！我們知道，當我們今天下午請求進入即將見到
之人的生活大門時，這絕對是出自祢的意願。因為祢的旨
意是「願意萬人得救」（提摩太前書 2：1，3、4）。當祢
賜下這個應許時，祢藉著大山可以移出本位、一棵樹可在
一夜之間枯乾來說明這一點。這些都是奇蹟般的發展，是
難以理解的，但是，在這一切的作為背後有祢！因此，主
啊，求祢移開那座讓人們無法看到祢的愛，和祢在他們身
上動工之力量的大山。我們祈禱他們的生活狀況也可以在
一夜之間改變，以反映祢的榮耀和祢對他們人生的目的。
親愛的天父，我們相信祢能做到這些事，因為耶穌做到了，
並賦權祂的跟隨者也如此行。

另一個可以在行走禱告前要求的應許是：「你們若常在我裡面，
我的話也常在你們裡面，凡你們所願意的，祈求，就給你們成就。」
（約翰福音 15：7）你可以這樣祈禱：

親愛的上帝，我們已經讀了祢對我們這些門徒所做的
一些美好應許。我們相信祢所說的話。我們也相信這些奇

妙的應許同樣適用於今天的我們。我們代表失喪者事先感
謝祢的回應。感謝祢為我們今天下午將為之祈禱的人們的
生命打開大門。我們也許今天看不到這些人將心門打開，
但知道祢定會開啟他們的心門，就像我們知道此時此刻我
們正呼吸和跪下一樣肯定。當我們繼續尋找那些在黑暗中
跌跌撞撞並希望找到光明的人時，幫助我們不斷記住並信
靠祢的應許而活。

　　在花時間閱讀並聲明一些應許並為它們祈禱之後，你可以為每
個團隊祈求保護和智慧，然後宣布返回的時間。在以後的聚會，你

不需要像第一次聚會那樣在行走禱告之前花費那麼多的時間。

重要的是在最初幾次的行走禱告中不要過度追求禱告時間的長度。後來，隨著團隊對執行此事的工作感到更加自在，就可以選擇延長時間。他們可能會對聖靈的引導變得更加敏感，進而可以做到這一點。第一次嘗試行走禱告的時間不應超過 30 分鐘。實際上，對於某些小組——如青年小組或對這項事工不那麼熱衷的小組來說，20 分鐘就足夠了。一旦宣布了返回並分享他們經驗的預定時間，團隊便可以開始行走禱告。

步驟二：上場比賽

現在，該「上場」了！這意謂著，各小組要出發去做他們的禱告工作，這是他們一直為之祈禱和計畫的工作。信不信由你，30 分鐘很快就會過去。因此，應採取一切預防措施，以確保每個團隊都能毫不拖延地到達其禱告目的地。那生命的敵人撒但經常利用延誤來使上帝的工人感到灰心和分心。每個小組負責人都應該牢記這一點。

讓我們想像兩個小組：小組 A 在城市中心繁華的大街上祈禱，小組 B 在他們居住的社區附近祈禱。他們會如何禱告呢？

假設小組 A 由四名年輕的專業人士組成。也許他們是兩對夫婦，或者一對夫婦和兩個單身的年輕人，或其他一些組合。小組 A 從教堂或「集合」地點到他們將要禱告的地方有段距離，需要開車或搭乘地鐵一段時間。行人從他們身邊的兩個方向走過。有些人陷入沉思，有些人戴上耳機，他們若不是在聽音樂，就是試圖與周圍的世界保持距離。有很多單身人士在散步，有些是穿著整齊的中年商務人士，顯然正被他們的顧慮所困擾。有些是老年人，走得更慢、更小心翼翼，看著地面多於注意前方的路。有一些是年輕人，通常一次兩到三個人，一起大聲笑或聊天。有一些是母女組合，逛街購物或步行去公車站。你將如何為他們祈禱？

首先，不要害怕大聲禱告。這樣做有兩個明顯的好處。其中之一是，它可以使你更容易專注於你的禱告。走路時默默禱告是可以的，特別是當你獨自一人的話，這樣做也是必須的。但是，這將需要更多的注意力，除非你已具有豐富的經驗，否則不建議這樣做。第二個好處是其他的成員可以從聽到你的禱告中受益。你說的話可能會激發他們的想法，也可能激發他們自己的禱告，因為他們也要關注你為之祈禱的人。

你必須了解的是，祈禱時不要像刻板的宗教領袖在崇拜聚會時那樣祈禱：說了很多崇高的話語，卻沒有說進心裡去。**要自然地禱告，就好像你正在與朋友交談一樣**。唯一的不同是，你實際上是在

向天上的上帝傳達你的話語。那麼，顯然，你必須睜著眼睛祈禱。這很重要，這樣你就不會撞到別人或燈柱！不要嘗試閉著眼睛祈禱。只需幾次，你便會完全適應睜著眼睛禱告。這也是大聲禱告有幫助的原因之一。如果你在睜著眼睛的同時默默地祈禱，那麼你將很容易分心。但是，如果你大聲祈禱，它將幫助你保持專注。請記住，大聲祈禱不太可能打擾任何路人。為什麼？因為他們會主觀認為你只是在和朋友交談。你是的！你正在與你的朋友耶穌交談！

回到小組 A。他們步行來到一個繁忙的代禱地點。號誌燈需要 90 至 120 秒才會變綠，然後他們才能穿越馬路。通常的情況下，許多人會聚集在對面的十字路口。他們可能會看到一個母親帶著年幼的女兒。他們會如何祈禱？

親愛的天父，祢看對街的年輕母親。她可能是和她女兒一起，手裡握著龐大而幸福的負擔。天父，求您保佑這個母親。願祢的聖靈引導她的思想、言語和行為，使她盡力以她所知道的最好方式撫養她的女兒。賜她在疲倦的日子裡擁有耐力，在沮喪日子裡有智慧。當孩子激怒她時，給她耐心，並以某種方式告訴她如何愛這個年輕的生命。我們的天父，我們也為這個小女孩祈禱。在她面前有漫長的人生正在等待她。我們不知道她是否會在基督化的家庭中成長，但無論她的成長環境如何，我們都祈求聖靈的大

能引導這個小女孩認識祢，並用她的生命來榮耀祢。保護她免受傷害。求祢賜給她機會了解祢。求聖靈引導她。奉耶穌的名求，阿們。

　　小組 A 可能到達一個公園並在那裡看到很多人。有些孩子在嬉戲，幾對夫妻依偎在一起，一些老年人坐在長椅上，看著天上的鳥和嬉戲的狗。用心觀察並發現孤獨的人可以喚醒我們豐富的憐憫之心。當我們看到老年人獨自坐著時，我們應該立即有禱告的理由。

　　親愛的天父，那張長椅上有一個老人，正在餵鴿子。他顯然是一個人。我們不知道他是否有家庭，如果有，他們是否有時間陪伴他。今天，我們要將他高舉在祢面前。

他在世上的日子正在消逝。祢不接觸他，不做一些特別的事向祢的這個兒子傳達宇宙之神愛他並為他的罪而死的信息嗎？主啊，祢難道不把一個他尊敬的人帶到他身邊，一個他願意聆聽的人與他分享祢奇妙的愛嗎？主啊，他的日子有限。為他的靈命，請在今天、明天、後天感化他。因為我們知道祢愛這個人，祢把他的名字刻在祢的手掌上。我們奉耶穌的名禱告，阿們。

當我們為所見的人祈禱時，即使我們可能不認識他們，但這麼做允許上帝的靈在我們心中做一些事情來愛這個世界。為陌生人和朋友祈禱可能會成為我們意外的祝福。對於他們來說，這無疑也會成為他們的祝福。我們必須謹記敵人是如何努力地迷惑和欺騙人們，使世人繼續處於黑暗之中。有一位撒但教的巫師曾經對羅傑‧莫諾（Roger Morneau）說，魔鬼將「意象」輸進人們的腦海，以影響他們走向特定的方向。[6] 懷愛倫似乎也同意這一點。她在 1868 年曾告訴一位弟兄：「令人沮喪的景象在你面前浮現。前景黯淡的不信包圍了你。透過不信任的言語，你變得越來越悲觀。你以鎮日思想不愉快的主題為樂。」她建議他要「抱著希望及愉快的心情講話，斷然拒絕撒但控制他的思想」。[7]

小組 B 呢？假設 B 行走禱告小組是一組退休人員。他們選擇在自己家附近行走。他們認得許多他們見到的人，因為這些人是他們

的鄰居。在某些情況下，他們本人認識他們。他們將如何為他們祈禱呢？

　　小組 B 走在一個比較安靜的區域，這個地區不像滿是汽車、卡車和公共汽車那樣繁忙人多的城市。在我們的公寓附近，有幾條散步道，是供住在同一社區的人使用的。它們是人行道，人們不必走在嘈雜的街道旁就可以到處走動。這些是老年人散步和祈禱的好地方。假設他們看到他們前面有一對年輕夫婦，手牽著手。他們可能會做出以下祈禱：

　　　　親愛的上帝，我們要為我們前面的夫婦禱告。我們不知道他們的名字，但是祢知道。甚至他們的母親未懷胎之前，祢就認識他們。我們不知道他們的困難，但祢知道。祢知道他們的弱點，知道世人的敵人可以利用哪些方式利用他們。今天，我們祈求耶穌的能力和愛心圍繞這對年輕夫婦，並祈求上帝的靈引導他們做出正確的決定。我們祈求祢為他們打開一扇機會之門，讓他們認識祢，知道天父是誰，並愛上祢。用祢的恩典擁抱他們。赦免他們的罪孽。引導他們來到祢身邊。祈求祢為他們的生命指引一個能與他們分享祢的人。感謝祢賜我們特權為他們祈禱，因為我們知道祢垂聽了我們的禱告。奉耶穌的名，阿們。

　　由於小組 B 在他們居住的社區中進行行走禱告，因此他們很可能會遇到以前見過的人。假設發生這種情況，他們在步行時看到一個住在他們對面兩棟樓裡的女性鄰居。他們可能知道她的名字——假設是瑪麗——但是對她的了解不多。這是一個親切問候她的好機會，除非她顯然很匆忙，而你的問候會打擾到她。打招呼之後，在一般情況下，人們會交談，例如他們要去那裡或正在做什麼。如果瑪麗分享了這些話題，請仔細聽她說的話，因為這將是你為她禱告的基礎。如果她提到了家人，請注意瑪麗對他們的評價，包括姓名和地點。如果她提到了困難，請牢記在心。如果她詢問團隊要去哪裡或你們在做什麼，可以告訴她你們每個星期一、星期三和安息日

都會出來（比方說這是你們的行走禱告時間）為社區的人祈禱。這可能會讓瑪麗感到驚訝。如果她很感興趣，並問及更多的細節，請高興地與她分享，但要保持簡短。只要記住，這次相遇不是關於你，而是關於她。在與她交談的當下，請在心中默默祈禱，希望你能成為她的福氣，也希望上帝為她的緣故而引導你的思想和言語。如果合適的話，請為她作簡短的祈禱。如果你認為她願意接受，就握住她的手。告訴她你接下來禱告的內容，讓她有心理準備。例如：

「瑪麗，我們將與天上的上帝談論你一會兒。沒什麼好怕的。我們不會做任何讓你或其他人感到尷尬的事情。我們將簡單地閉上眼睛，與耶穌交談一兩分鐘。如果你願意，你可以閉上眼睛──這可以幫助你集中注意力──或者你可能想保持眼睛睜開。無論哪種方式，你準備好了嗎？」

親愛的天父，今天我們很高興見到瑪麗。很高興聽到她身體健康，並且享受天倫之樂。親愛的主，請祢和她今天所提到的兩個孫女同在，願祢賜福她們的父母。願祢的慈愛和平安來到他們的家。在兩個孫女學習和與朋友的交往的事上引導她們。主啊，請在瑪麗生活中遇到任何困難時與她同在。願祢給她智慧和平安來面對她的挑戰。我們奉救主耶穌的名祈禱，阿們。

　　不管瑪麗是不是基督徒，或者即使她是天主教徒或東正教徒，她都會對這種類型的禱告感到驚訝。非基督徒，甚或許多基督徒，都不習慣像和朋友說話一樣向上帝祈禱。此舉將在她的心田撒下一粒重要的種子，隨時準備在適當的時候開花結果。

步驟三：慶祝

　　各個隊伍有了賽前的集合，之後上場進行了比賽，現在是慶祝的時刻。理想的計畫是來自同一教會或機構中的各個團隊至少在安息日聚在一起，慶祝他們當天下午的聖工活動。他們只需同意在某個時間回到教堂或機構再待幾分鐘。有時這是不可能的，但是在可行的情況下，每個參與的團隊都會從簡短的聚會中受益匪淺。

　　所有團隊回來後，牧師或領袖邀請每位團隊書記分享當天下午的一些團隊經歷。除非有重大事件要分享，否則故事應簡短扼要。如果沒有什麼特別可分享的，則無需分享。不要僅僅為了必須說些什麼而感到被迫這樣做，下次再進行也無妨！

　　以下是台灣一間教會認真對待這項事工的例子：

　　在台灣南部的茂林，有一間基督復臨安息日會的教會。當地社區將其稱為「蝴蝶教堂」，因為在教堂的外牆有幾隻大蝴蝶的雕飾。

幾年前，他們決定開始行走禱告。每天早晨六點鐘，十到十五名教友致力於一起行走禱告，而不是分成幾支隊伍！他們邊走邊為社區祈禱。有時他們會停下來，彈吉他歌頌上帝。他們與一些鄰居一起祈禱。要曉得台灣是一個佛教徒佔主要多數的國家，而在這個地區也有著不同宗派的挑戰。但是上帝尊重他們的努力。參加這個事工的教友們相信上帝會感動人心。

　　上帝確實感動了人心。經過六個月的行走禱告後，有 25 個人加入了教會！當然，並不是每一個新的教友都是行走禱告的直接結果，但是上帝利用它在更多人的心中動工，比他們原先所預期的還多。如果我們持續為一些不會回應的人祈禱，上帝會將這些禱告運用於祂知道會回應的人身上。

　　就是這樣。這個計畫很簡單，並且計畫的執行應不至於帶來很大的困難。本章中提到的禱告僅是範例。每個人都應按照聖靈的感動來祈禱。隨著團隊一次又一次地出去、將時間和精力奉獻給基督的事業時，可以在他們的事工中融入更多的創造力。堅持不懈將是他們成功的關鍵。人們只需將行走禱告納入他們每週的例行工作即可。如果他們憑著信心走出去，上帝定會獎勵他們為祂所投入的時間。

小組討論或個人思考

1 禱告團隊為什麼要「聚在一起」？

2 你最喜歡本書中的哪些祈禱應許（請參閱附錄 A）？
為什麼？

3 想像你是一個行走禱告小組的成員。當你出去為別人
禱告時，你預想會發生什麼？

4 得知魔鬼可以使「意象」在人們的腦海中閃現，從而
使他們陷入沮喪和痛苦，這是否令你感到驚訝？你對
此有何看法？

5 如果耶穌要你參加這類型的禱告事工，你會有什麼反
對的理由，你認為耶穌會如何回應你的異議？

6 將所有的行走禱告隊在安息日結束後聚在一起幾分鐘
的主要好處是什麼？

註釋

1. 當然，這些團隊名稱只是建議。如果一個教會或機構擁有數個行走禱告團隊，為每個團隊找到一個獨特的標籤可能會很有趣。暱稱應該由每個特定團隊選擇，而不是由整個團隊選擇。

2. 參見懷愛倫，《歷代願望》（密西根州戰溪：評閱宣報®，1898），288 頁。

3. 對於一些復臨信徒機構，例如醫院或出版社，安息日可能不是開始行走禱告計畫的最佳日子，除非職員們都住在離彼此不遠的社區中。如果他們彼此住的地方較遠，星期一可能是開始的最佳日子。

4. 主的僕人這樣說：「愛是敬虔的基礎。無論從事何種職業，沒有人對上帝有純潔的愛，除非他對他的兄弟有無私的愛。但我們永遠無法通過努力去愛別人來擁有這種精神。需要的是心中有基督的愛。當自我與基督融為一體時，愛就會自然而然地湧現。當幫助和祝福他人的衝動不斷地從內心湧現時——當天國的陽光充滿心靈並在臉上顯露出來時，基督徒品格的完整性就達到了。」懷愛倫，《基督比喻實訓》（密西根州戰溪：評閱宣報®，1900），384 頁；原文重點強調。

5. 德里克 J. 莫里斯，《激進的祈禱》（馬里蘭州黑格斯敦：評閱宣報®，2008），43-46 頁。他的妻子 Bodil 甚至將文本中的文字配上音樂，由 Trilogy 演唱和錄製。

6. 羅傑 J. 莫諾，《更多關於祈禱之不可思議的回應》（馬里蘭州黑格斯敦：評閱宣報®，1993），45，65，81 頁。莫諾在他的書中多次提到這個發人深省的事實，如《當你需要祈禱之不可思議的回應》（馬里蘭州黑格斯敦：評閱宣報®，1995），70 頁。

7. 懷愛倫，《教會證言》，卷 1（加州山景城：太平洋出版社®，1948），699 頁。另見《善惡之爭》（華盛頓特區：評閱宣報®，1911 年），516、517 頁。她寫道：「撒但最容易控制那些不曾意識到他影響之人的思想。」

IN THE NAME
OF JESUS

Power to Pray for
People and Places

第 13 章

禱告勇士和代禱者

　　世界上最大的單一教會——汝矣島純福音教會（Yoido Full Gospel Church-YFGC）在韓國擁有約 56 萬名教友。作為神召會教派的一部分，它每個星期日舉行七次禮拜，並在首爾擁有數萬個活躍的細胞小組。這座教堂是由一位聰明並具有超凡魅力的領袖趙鏞基牧師（Yonggi Cho）創立並領導了五十年。儘管教會在各個層面上都樹立了強而有力的榜樣，但多年來，最高領導人在教會的特徵和性質方面仍保持著巨大的影響力。[1]

　　有一天，一位名叫克雷格‧多斯曼（Craig Dossman）的復臨教會博士生採訪了趙牧師，詢問他教會驚人的成長祕訣。這位傳奇的

牧師走到他的書架上，拿出了懷愛倫寫的兩本書：《基督徒服務大全》和《傳道良助》。[2]

毫無疑問，汝矣島純福音教會的許多特徵都明確地符合懷愛倫的建議：小規模的教友關懷和社區佈道、教友之間廣泛的任務和責任分配、《聖經》的教導，贊助和差遣傳教士遍布整個世界，並專注於基督和聖靈對信徒屬靈的成長。誠然，懷愛倫不會認同或贊成某些汝矣島純福音教會的教義和事工的做法，並且會認為它們不符合《聖經》。但是，在懷愛倫羅列的基督教首要事項中，最明顯的特質卻在汝矣島純福音教會的禱告事工上得到充分的展現。這個教會充滿了禱告。[3] 許多人認為祈禱是教會獲得驚人成長的基礎。

那麼復臨信徒還能透過禱告做些什麼來促進上帝的工作呢？

代禱者

每當我訓練教會團體進行佈道時，無論在哪個國家（地區），我都建議教友至少參加三個禱告事工中的一個，**代禱可分成三種不同層級：我稱其為「代禱者」、「行走禱告者」和「禱告勇士」。**讓我們先來看看代禱者。

代禱者是禱告大軍的步兵。他們是步兵，是每個教會或機構禱告服事戰中的基本成員。沒有他們，我們甚至無法在屬靈領域取得

任何突破。假設在某個地方教會裡有這些代禱者存在。他們做的工
是什麼呢？他們的事工又是如何運作呢？

　　組織起來。由牧師或有禱告使命的教會領袖發起代禱事工。
宣布舉行簡短培訓和組織會議的日期和時間。這個宣告最好是在
安息天的講道結束時宣布，然後呼籲大家致力於禱告。在我牧養
的最後一個教會裡，我分享了七場關於禱告的系列講道。在最後
的講道結束時，我只是簡單地邀請人們在下午四點回來，進行一
個小時的祈禱。我當時對禱告事工該如何組織並不如今天清楚，
因此我沒有足夠的資源或提出確切的跟進方法。但是宣布這一消
息的時機很關鍵。一百多位教友，即教會人數的三分之一，在安
息日下午返回祈禱。

取得材料。 在進行組織會議之前，應確保培訓材料和資源是足夠的，例如這本書。另外還有其他關於禱告的寶貴書籍，以及許多其他材料。[4] 一個很好的資料來源是全球總會的復興與改革網站：http：//revivalandreformation.org。在這個網站，你可以取得大量材料：電子版的培訓資料、影片、書籍和其他有用的資源，供教會和機構開始正式實施禱告事工。

設立一個計畫。 確保為你的代禱者成員制定一個禱告計畫：何時聚會祈禱，祈禱的方式和內容，以及祈禱時應避免的事項。培訓時間不要太長，並且要讓正式的成員立即開始祈禱——在培訓之後的一週或更短時間內（當然，你也希望在培訓中花一些時間進行集體禱告）。預計幾個月後必須進行一次後續培訓活動。與會人員將提出關鍵問題和建議。

特定的禱告事項。 教會和機構常常會作一般性的禱告，但因為它們通常很籠統，很難知道上帝是否已垂聽。用這種方式祈禱是無效的。代禱者的目標應該是專注於特定的人和特定需求。例如，他們為所有參加當地教堂的非信徒祈禱。代禱者手上應該要有這些赴會者的名單，以及與他們的聯繫方式。該名單應謹慎保管，以保護個人隱私。除了姓名和聯絡方式外，應列出需要祈禱的具體事項。如果你不知道他們需要什麼，可以問那些認識他們的人，或者如果你對他們有足夠的認識，可直接問他們。大多數人都不介意為他們禱告。

　　另一組為之祈禱的群體是那些有特殊需要的人：病人、生活中充滿挑戰的人以及看起來沒有希望的人。所有代禱者的手中應有一份重要的列表，就是《聖經》中的祈禱應許列表（見附錄 A）。祈禱時請參考表上的聖經應許。

　　設定禱告的時間和地點。所有代禱者都應每天為名單中的一些人或全部人員祈禱。他們應該在自己家裡禱告。同時他們也應每週至少一兩次聚在一起祈禱。他們可以在每個安息日祈禱，例如在崇拜聚會之前或之後。在我所牧養的其中一間教會，我們每個安息日都在早上七點聚集，為特定的個人和情況祈禱。另外的禱告時間是每月至少在某人家中或在教堂祈禱一次。如有必要，團契可在夜間持續祈禱幾個小時。隨著代禱者在靈性上的發展，以及他們更渴望上帝在他們為之祈禱之人的生命中有更大的影響時，他們可能會選擇更頻繁地聚會。

　　最後，在教會的特殊禱告時間，應讓特定教會中的所有代禱者都作為領袖參與。例如，他們可以在「40 天禱告」倡議（在另一章中將有更多介紹）或在禁食和禱告週末（見下一章內容）期間帶領。而且，如果即將舉行佈道活動，那麼代禱者應特別努力地聚集祈禱，尤其是在講道前後，當主講人為基督、祂的教導和祂的教會對聽眾發出呼召時。

在地方教會或復臨教會機構中，第二個層級的禱告事工是行走禱告。在前面三章中，我們已經詳細討論了這一事工。而第三個層級是禱告勇士。這些人會將禱告帶到最高的境界。

禱告勇士

我對禱告勇士的定義是：「擁有禱告的恩賜，並經常為他人在上帝面前心中焦急，直到祂的答案變得顯而易見為止。」請聽懷愛倫如何描述這些禱告勇士：

擺在我們面前的苦難和痛苦的季節將需要一種能夠忍受疲倦、拖延和飢餓的信念─儘管經過了嚴峻的考驗，這種信念也不會消失。凡像他（雅各）那樣堅守上帝的應許，並像他一樣認真和執著的人，將在他堅持的基礎上成功。那些不願意捨己，在上帝面前痛苦，不願為祂的賜福長時間懇切祈禱的人，將得不到它。與上帝搏鬥─很少有人知道這是什麼！直到每一個力量都伸展開來之前，很少有人會以強烈的欲望將自己的靈命引向上帝。當沒有語言能表達的絕望浪潮席捲整個祈求者時，很少有人堅定不移地信靠上帝的應許。[5]

這些人不僅是參與第一層禱告的代禱者。這些人非常重視禱告，將其作為拯救人類的重要工具，並因此花了許多時間在這方面。

這些人對禱告有真正的熱情和負擔，是最接近上帝寶座的人。這些人是摩西、約伯和雅各，他們對上帝說：「你不給我祝福，我就不容你去。」（創世記 32：26）這些人就像耶穌比喻中堅持不懈的寡婦一樣，「晝夜呼籲祂，祂縱然為他們忍了多時，豈不終久給他們伸冤嗎？」（路加福音 18：1–8）

　　在地方教會中，這將是委身禱告事工的第三層和最高層級。重要的是，不要給人留下這樣的印象，即禱告勇士比其他代禱者或其他教友「更為神聖」。他們只是對禱告做出了承諾，而其他人則是尚未準備好或沒有興趣做這樣的承諾。[6] 禱告勇士會做代禱者做的一切事情，再加上行走禱告者會做的事情。但是他們也將以其他兩個小組沒有採取的方式進行禱告。當然，這也有例外。有些禱告勇士由於身體的疾病而無法行走，但是如果他們每天懇切忠實地禱告，心懷對他人救贖的沉重負擔，那麼他們就是禱告勇士。這些是撒但所懼怕的人：「撒但比上帝的子民更了解他們的力量是來自基督。」[7]「撒但不能忍受信徒們向他強大的對手求助，因為他在耶穌的力量和威嚴面前懼怕和戰慄。在虔誠的祈禱聲中，撒但和惡天使都在顫抖。」[8]

　　以下是我最近在香港使用的三個級別的禱告立志卡，幫助人們決定如何參與這項事工。

港澳前線佈道教室
—— 禱告佈道 ——

（以下是三種不同的參與方式，你可以選擇組合一種以上。）

LEVEL 1 代禱者

① 每天個別為你所在教會／社區的福音事工禱告。

② 每次安息日的聚會後與其他人聚集在一起，為關懷事項、聯絡人、朋友和教會預備佈道禱告15分鐘。每月與小組成員聚會一次，禱告一個小時。

③ 在教堂設定的日期參加40天禱告活動，並參加獻身會，為豐收前的工作和佈道會禱告。

④ 參加在佈道豐收聚會期間的星期日或其他日子的特別禱告聚會。

LEVEL 2 行走禱告者

① 接受提供的培訓並閱讀說明文件。

② 加入一個行走禱告隊，並選擇一個城市區域，專門為你在街上、商店、公寓大樓、公司、餐館、地鐵站等地看到的人禱告。

③ 每週步行禱告兩到三次，外加安息日。

④ 在40天的禱告和獻身儀式中加入代禱者的行列。

LEVEL 3 禱告勇士

① 選擇一個城市街區，專門為該街區的每個家庭和公寓大樓禱告。每週定期幾次在該街區走動，為其祈禱。

② 在你為特定街區祈禱一個月後，將代禱需求卡留在特定的家庭或公寓的門把上，或敲門，帶著卡片詢問對方在代禱方面的需求。稍後再回來取走帶有禱告請求的卡片，並為這些請求禱告。

③ 在你收到禱告請求的幾週（除非請求是緊急的或列上日期的）並為他們禱告後，到他們的家或公寓去，敲門並關懷他們的情況。每月一次，使人們習慣你會停下來詢問他們的禱告需求。

④ 在收割聚會前或是佈道會開始前一週，邀請你已經認識並一直為之禱告的人參加佈道會。

請以打勾表示你選擇的級別： ⬤ Level 1 ⬤ Level 2 ⬤ Level 3

- -

填妥下列資料後請交給相關人員，謝謝。

姓名 _____ 電子郵件 _____

地址 _____

電話 _____ 教籍所在地 _____ 選擇禱告層級 _____

那麼，除了代禱者和行走禱告者的工作之外，禱告勇士還會做什麼呢？

專注於特定地區和／或特定人群。代禱者通常可以為整個社區禱告，而禱告勇士則為城市的特定地區，或需要救援的特定人群而禱告。例如，一群禱告勇士可以選擇在因販毒為人所知的社區，或色情交易猖獗的城市附近行走祈禱。顯然，這些地方存在更大的危險，因此需要慎重考慮。但是這些禱告勇士可能已經為那些被撒但困於該處的人們產生了真正的負擔。他們禱告的重點是希望這些人能被耶穌釋放。畢竟，耶穌說祂來是叫「被擄的得釋放，瞎眼的得看見，叫那受壓制的得自由」（路加福音 4：18）。美國的祈禱協調員培訓師謝麗爾·薩克斯（Cheryl Sacks）講述過一個團隊的故事，該團隊專注於市區內毒品氾濫的地區，一個月之內，該地區主要販毒的房屋被燒毀了。在四個月之內，附近所有其他從事販毒的據點也都沒了，所有的幫派亦隨之消失了！[9] 懇切、忠實的禱告勇士能帶來真正的改變。

善與惡之間的爭戰涉及到法律問題。當我們參與禱告時，上帝可以代表他人做更多的事情。為什麼？卡羅爾·肖馬克（Carrol Shewmake）用這種方式闡述了一個答案：「上帝故意限制了祂對人類生活的干預，以維護個人自由。否則，撒但會指責祂強迫人們事奉祂。但是按照上帝的計畫，當義人為家人、朋友、甚至他們永遠

無法親自接觸的人祈禱時，上帝便能自由地在那些人的生活中行出大事，如果我們不祈禱，祂便不會這樣做。」[10]

　　隆恩・哈弗森（Ron Halvorsen），這位傳奇的復臨教會佈道家有一個習慣，他會在他舉行數週佈道會之城市的某些區域進行行走禱告。羅恩牧師是一位禱告勇士，並寫了一本關於禱告勇士的書（參註釋 4）。他過去在紐約市長大、也曾是幫派分子，眼中所及盡是這個城市最糟的一切，因此他的負擔是毒販和妓女。他曾經在夏威夷的檀香山舉行一系列的佈道會，取得了巨大的成功，帶領超過 225 人受洗。他將這結果歸功於他和其他人在這座城市所做的行走禱告。其中一個受洗者是妓女。她拋棄過去的生活，與耶穌同行！當她告訴哈弗森牧師她曾是一名妓女時，他問她在這座城市的工作地點。原來，她作為妓女經常走過的那條街，就是哈弗森牧師為挽救失喪的人、日復一日地祈禱走過的同一條街！

　　使用禱告請求卡。尤其是在社區周圍行走禱告的禱告勇士應有一個跟進的後續計畫。假設你是一名禱告勇士，在你為附近的每個家庭，以及在公園或公共場所看到的每個人祈禱幾個星期或幾個月之後，你應該計畫與人們直接接觸。但你該如何做呢？

　　你可以設計一張可以放在房屋或公寓門把上的禱告請求卡（見下一頁範例）。如果你負擔不起製作或印製卡片，則只需簡單地寫

禱告請求卡

親愛的鄰居，我的名字叫

_____

我住在附近。我相信上帝
會回應人們的禱告，所以
我想為你禱告。如果你有
任何代禱需求，請將它們
寫在這張卡片的背面，稍
後我會在不打擾你的情況
下將它取走。

願上帝賜福、
保佑你！

一張個人便條，將其複印，然後把它留在人們的門上。這卡片或便條紙上應該寫些什麼呢？

你可以選擇在卡片上加上你和搭檔的名字，但不能超過兩個。你也可以選擇在末尾加上一段經文，例如：詩篇116：1、馬太福音19：26或希伯來書13：5，要確認包括經文內容，而不僅僅是章節出處。

當然，你可以更改卡片的文字，但是請注意有關以上範例的一些注意事項：說「我住在附近」是指你鄰居的身分，表示你不是陌生人。說「我相信上帝會回應

禱告」比說「上帝回應禱告」要好。人們會更喜歡第一個陳述。加上「如果你需要禱告」這樣的陳述比僅說「我想為你禱告」更直接。說：「我稍後會在不打擾你的情況下將其取走」，則回答了他們可能有的問題，即是如何讓你知道他們的請求，這可以減輕鄰居對需要與陌生人交談的不安。

請確保你掌握這些祈禱卡／便條紙的存放位置。你需要在下午或晚上回去取卡片。你不會希望將卡片留置放在門上好幾天。如果你在晚上留下卡片，請在晚一點或清晨去取卡片。最好是在人們早上再次出門上班之前取走卡片。當你回去取卡片時，請保持安靜，不要敲門。確保取走留在附近的所有卡片。或許一些門上將不再有卡片，這意味著人們已看到了卡片並取下它，但選擇不提出要求。你拿起的大多數卡片或許都沒有寫上禱告請求。這也沒關係。即使你在一百張卡片中只有一張寫上禱告需求，也值得你付出努力！

現在，這一點非常重要：**在拿起每一張卡片之前，先檢查卡片上是否有禱告請求。為什麼？因為你需要記住該請求的地址。將地址寫在卡上，填寫當天的日期，然後繼續前往下一家。**這一點至關重要；否則，你將會忘記該卡片的來源，並且你可能永遠無法再次找回它們。

跟進人們的禱告請求。無論你收到什麼禱告請求，都應該把它

們當作是上帝眼中的寶貝來珍惜，並誠懇地為他們禱告。收集了卡片回到家後，就立即為他們禱告。每天不斷地為他們禱告！為他們祈求《聖經》的應許。將這看作是上帝給你的獨特機會，讓你為那個人的生命帶來實際的改變。這將是進入他們心中的一扇門。保羅亦是如此定期地為宣教領域的入口禱告（哥林多前書 16：9；哥林多後書 2：12；歌羅西書 4：3；使徒行傳 14：27）。

根據不同的禱告請求，請等待幾週再回到那些提出禱告請求之人的家中，看看上帝是否已經回應了禱告，但請不要等待太久。有時，一個人可能提出一個要求，例如「我的女兒將在星期四做手術」。在這種情況下，你應該星期五或安息日回去，看看他們的女兒情況如何。看到你確實是個守信用的人，這將會給鄰居留下深刻印象。作為上帝的僕人，這將有助於建立人們對你的信任。

對於其他要求，例如需要工作、增加收入或維護家庭安寧，你應該等待更長的時間。但是，請確保你每天向上帝禱告，為這些人提供明確、具體的祝福。

你回去時該做些什麼呢？

試著在他們可能在家的時間過去。如果他們不在家，請稍後或

禱告請求卡

「親愛的鄰居：您好，我是
＿＿＿＿＿＿＿＿＿（你的名字）。
自從 ＿＿＿＿＿＿＿＿（註明
日期）看見您在禱告請求卡上告
訴我們您的請求後，我們每天都
在為 ＿＿＿＿＿＿＿＿＿＿＿
＿＿＿＿＿＿＿＿（提及具體要求）
禱告。想跟您說一聲：我們經過
了您的住處，並想關心您代禱之
事的發展情況。謝謝您！」

願上帝賜福、
保佑你！

第二天再試。如果他們還是不在家，請給他們留下紙條。你可以寫下留言（見左側小卡範例）。

除非你已經認識他們，否則**不要**留下你的電話號碼或聯繫方式。這可以成為有人打電話給你的一個簡單藉口，並說：「麻煩你再也不要來我家了！」生靈的敵人永遠會善用人們的弱點。只需等待幾天，然後返回即可。如有必要，請第三次執行相同的操作。試著在一天中的不同時間去。直到你與對方面對面交流，並與之相處一段時間後，你才可以考慮交換個人資料。雙方必須建立信任。

請記住，當你努力祝福鄰居時，上帝將與你同在。我曾經聽過

教會裡的一個姐妹，她對於在她的社區附近進行行走禱告一事感到非常害怕。我們姑且叫她「琳恩」吧！琳恩個性非常害羞，害怕與陌生人交談。牧師向她保證，**她要做的是與上帝談論人**。於是她終於加入了行走禱告的行列。有一天，在禱告中，琳恩聽到主對她說：「去敲那扇門。」她畏縮了。「我不想敲那扇門！」她對上帝抗議。上帝再次催促她去做。她很害怕，開始感到絕望，但她服從並敲了門。一位女士打開門。琳恩閉口不言，她不知道該說些什麼。

她最後說：「你好，我是一個行走禱告者。」

「哦，太好了！」那位女士說。

「每天晚上我都會在這個街區為人們禱告。」琳恩接著說：「請問你有禱告請求嗎？」她尷尬地笑著問。

不料這名婦女開始哭泣。「我的丈夫在醫院裡，他現在病得很重。我們不知道他會怎麼樣，你能為我丈夫禱告嗎？」於是琳恩獻上了一個簡單的信心禱告。

幾天後，琳恩又出去行走禱告。當她靠近那間房子時，門開了，裡面的女士向她揮手說：「你好，行走禱告者！」琳恩走了過去。這位女士把門打開讓一位男士走出來。她說：「我想讓你見見我的

丈夫。」他們聊了一會兒，那個男士感謝琳恩為他禱告。他痊癒了！
有了這段經歷之後，琳恩對於為她的鄰居祈禱感到非常興奮，以致
於她自己製作了名片，介紹自己是一名禱告勇士！名片上寫著：「請
在背面寫上你的禱告請求。」這句話傳遍了整個社區，琳恩大多數
的鄰居都不是基督徒，所以當他們遇到麻煩或需要指導時，他們不
會去教會或找牧師，而是打電話給琳恩這位禱告勇士！

　　為他人祈禱通常就像播種一樣：可能需要一段時間才能長出
一棵完整的植物，但它終究會成長。1973 年，考古學家在馬薩達
（Masada）發現了椰棗樹的種子，馬薩達是一座位於炎熱的猶太沙
漠中的平頂山 [11]，在基督時代希律王在那裡擁有一座宮殿。這些種
子在炎熱乾燥的罐子中放置了兩千年。2005 年，一位名叫伊萊恩·
索洛威（Elaine Solowey）的研究人員小心翼翼地栽種了其中的一顆
種子，看看會發生什麼事情。這顆種子後來長成了一顆椰棗樹。今
天這顆樹已有四英尺高，每年都開花。我們的禱告，正如椰棗的種
子，最終將結出果實！

小組討論或個人思考

1 世界上最大的教會之所以成功，至少有一部分要歸功於懷愛倫的建言，這事是否讓你感到驚訝？

2 按作者的看法，禱告事工的三個層級是什麼？

3 你想參與哪一層級的禱告事工？

4 代禱者如何完成他們的事工？

5 禱告勇士所做的工作，與代禱者和行走禱告者的工作有何不同？

6 你在本章中找到了哪些實用可行的建議對禱告事工是有所啟發的？

註釋

1. 按韓國復臨教會研究員的說法：「趙牧師對他的教會行使了絕對的權力。」 Song Won Moo，《韓國基督復臨安息日會細胞教會事工模式》（教牧學論文，安得烈大學，2010），141 頁。趙鏞基牧師於 2008 年退休，但他仍繼續擔任名譽牧師。2007 年，教會宣稱擁有 803,000 名教友。教友的部分流失可能是受到趙牧師在法律問題方面的影響（見下一註釋）。儘管如此，它仍擁有超過 50 萬的教友，是迄今為止世界上最大的教會。

2. 多年來，我一直聽到有關這方面的謠言，主要是來自兩位復臨教會牧師對於趙牧師的採訪。當我在《復臨前線》（Adventist Frontiers）中讀到 Byard Parks 的一篇文章時，此事才終於得到了證實，該雜誌來自機構宣教組織——復臨前線宣教（Adventist Frontier Missions），標題為「來自世界上最大教會的功課」，《復臨前線 18》，第 6 期（2002 年 6 月）。趙牧師長久以來一直是一位傑出的基督教領袖，但他的行為為人並非完美。2014 年，「他因從教會挪用 1200 萬美元（美國）而被定罪。他被判處三年緩刑，並被罰款近 500 萬美元。他的一個兒子也被定罪並被判處三年徒刑。」大英線上百科全書，「David Yonggi Cho」2020 年 8 月 12 日查閱，https：//www.britannica.com/biography/David-Yonggi-Cho。

3. 有關 YFGC 的各個部門和優先事項的全面評鑑，請參閱凱倫‧賀斯頓，《培育世界上最大的教會》（Springfield，MO：Chrism，1995）。這位作者是一位美國人，她自小在那個教會長大，她父親是首席牧師趙鏞基在初期時的助理牧師和培訓導師。例如，他們的周日敬拜儀式包括默禱、詩篇朗讀、讚美詩、使徒信經、讚美詩、禱告、讀經、唱詩班、禱告、講道、引導的禱告音樂會、呼召非信徒、禱告、禱告應用、為病人祈禱、讚美詩、奉獻祈禱、公告、唱主禱文和祝福祈禱（重點強調）。而這裡所提到的只是包含在敬拜儀式裡的。在這個教會有無數的禱告計劃，例如每天早上 5：00 的禱告會，晚上 10：00 到凌晨 4：00 之間的通宵禱告會，以及他們的禱告山靜修設施所提供的多種活動。

4. 多年來，我有幸與一位名叫隆恩‧哈弗森（Ron Halvorsen）的偉大美國佈道家一起工作。他寫了一本非常鼓舞人心、關於教會教友代禱的書，這本書也被翻譯成其他語言。這本書是《祈禱勇士》（加州佛布魯克：哈特研究中心，1995）。馬可 A. 芬尼，《在樓上的 10 天：接受聖靈的禮物》（愛達荷州南帕：太平洋出版社®，2011）。另一個是《為雨祈禱：聯合祈禱手冊》，可從「復興與改革」網站 http：//revivalandreformation.org 讀取 PDF 電子版。

5. 懷愛倫，《善惡之爭》（華盛頓特區：評閱宣報®，1911），621 頁。

6. 這是隆恩‧哈弗森提出的一個很好的觀點。見他的《禱告勇士》，146-148 頁。

7. 懷愛倫，《教會證言》，卷 1（加州山景城：太平洋出版社®，1948 年），341 頁。

8. 懷愛倫，同上，346 頁。

9. 謝麗爾‧薩克斯，《禱告飽和的教會：禱告領袖綜合手冊》（科羅拉多州科羅拉多斯普林斯：NavPress，2007），200、201 頁。

10. 卡羅爾‧約翰遜‧肖馬克，《當我們為他人祈禱時：代禱的祝福》（馬里蘭州黑格斯敦：評閱宣報®，1995），14 頁；重點強調。

11. 見唐‧雅各森，《只需一分鐘……和 30 次其他溫和的對抗》（喬治亞州海亞瓦夕：HighWalk Productions，2014），35 頁。我知道這事是真的，因為我在南方復臨大學的前同事邁可‧黑撒爾（Michael Hasel）是一位考古學家，他認識發現種子的考古學家，並且轉述了這件事。

HOLY BIBLE

第 14 章

禁食與禱告

　　經過非常戲劇性的生命轉變之後，一位名叫查爾斯・芬尼
（Charles Finney）的律師助理立即成為美國東部地區的佈道家。
他愛上了耶穌，沒有什麼能阻止他與人們分享救恩的好消息。信主
多年後，他回憶起那段時光，他覺得當時上帝的話語「每天都有奇
妙的力量」，當他與其他人分享上帝的話語時，「他不記得有誰是
（他）曾與之交談過，卻沒有很快就信主的。」[1]

　　芬尼在贏得生靈方面變得非常有一套。他透過打開《聖經》跪
著祈禱來準備他的講章。成千上萬的人聽了他的佈道會，並將他們

的生命交給了上帝。許多來自紐約州哈德遜河沿岸、數十個城鎮的人會來到基督面前。但是，他也不時地感到自己似乎感受不到上帝的力量。發生這種情況時，芬尼會「找一天進行私人禁食和祈禱……並會焦慮地詢問這種明顯空虛的原因」。但經過一段時間的禁食祈禱「並大聲呼救」，上帝的力量就會以嶄新的面貌重返他的身邊。[2]

禁食和禱告能否對一個人的祈禱效果產生如此大的影響？我收集了一些人的見證，他們分享了禁食對他們生活的影響。貝琪在為她的兒子禁食和禱告後，她寫道：「我看到我的 16 歲兒子對靈性事務的興趣，有了明顯的改變。」達琳在長期禁食後說主開始向她揭示她罪惡的嚴重性，而過去她從未有過類似經歷。拉爾夫分享說，他越深入禁食，他就越感受上帝的同在。唐說，由於禁食，他現在向「主尋求有關看電視的規範」，這意味著他將有更多的時間與上帝和他的家人在一起。他補充說：「我還學會了控制食慾。」

禁食並不是解決所有問題的靈丹妙藥，但它是聖靈改變人們（尤其是禁食者）生活的有力工具。一位著名的基督教作家寫道：「沒有禁食，表明我們對事物的狀態感到安逸，這是我們對於沒有基督的情況下滿足感的衡量標準。」[3] 我們願意犧牲一些安逸，來換取與主有更深的交流經驗嗎？

對某些讀者來說，這是個熟悉的領域。你過去可能已有禁食

的經驗，或者你到現在仍然會定期的禁食。但對許多其他人來說，禁食或許是他們尚未經歷過的事情。禁食是剝奪讓自己感官愉悅的事物，而如此行是為了獲得更好的──即上帝和祂的旨意。禁食通常是不吃或略過某些食物或不吃某些正餐，但它可能還涉及更多內容。在當今的科技世界中，禁食很可能意味著放棄看電視、電影或線上節目；或是暫時停止使用社交媒體；或者是不注意從我們手機上收到新聞或體育媒體簡訊；更有甚者，是禁止使用網路。請記住，基督和撒但之間的戰鬥是為了我們在思想上的控制。[4]「禁食和祈禱的真正精神，就是使思想、心靈和意志都向上帝屈服，」主的僕人寫道。[5]

禁食的好處

禁食能幫助我們達成什麼呢？它幫助我們專注於上帝，同時阻止無數為此而引起的分心。「禁食有助於表達、加深並確認我們已準備好犧牲一切，犧牲自己，實現我們為神的國所尋求的解決方案。」[6] 一個可靠的消息來源非常明確地指出：「禁食可帶來的好處是頭腦清晰；完全或部分戒除食物，將使一個人更清楚地領會上帝的旨意。」[7]

我可以證明這一說法的真實性。幾年前，我正在牧養一個參加禁食祈禱週末活動的教會（稍後我會對此詳細介紹），誠懇地尋求

主在我們的生活中作工。幾個月來，我一直在輔導一個年輕女子，她有暴食症、厭食症和習慣性說謊的行為，並且表現出惡魔般的影響力。她在情緒和靈性方面都處於非常糟糕的狀態，儘管我和教會的其他人不斷地禱告，但我覺得未取得任何進展。但就在我們禁食的那個週末，事情有了突破。她似乎對證道嘉賓在安息日的信息感到非常生氣。他的講道是關於耶穌對抹大拉的馬利亞的愛，而我不明白為什麼她會覺得這一點令人反感。但是隨後，靈光一現，我聽到自己脫口問道：「你小時候被性騷擾過，是不是？」我簡直不敢相信我剛剛說的話！此外，我怎麼會知道是否是這種情況呢？她臉色發白，變得非常安靜，隨即說：「你是怎麼知道的？我母親和叔叔（事實證明是施暴者）是全世界唯一知道此事的人。」我不知道。但是我確實知道抹大拉的馬利亞在年輕時曾經被強暴過[8]，而我本能地將這兩個人聯想在一起。承認這一事實為這位年輕女子開出了一條康復的道路。直到今天，我仍堅信如果我沒有在那個週末禁食，我將永遠不會有這種洞察力。我的頭腦異常清晰。

上帝對禁食的看法

《聖經》和《預言之靈》書籍有多處論到禁食和禱告。在舊約中，禁食一詞來自希伯來語 tsom，指的是自我克制的作法。「大多數學者認為，禁食的開始是在極度痛苦和壓力下食慾不振。」[9] 這是悲傷的一種自然表現，就像人生病時不想進食一樣。先知撒母耳

在以色列需要順服和靈性復興時，帶頭禁食（撒母耳記上 7：3–6）。
以利亞在承受巨大壓力近乎憂鬱時禁食（列王紀上 19：1–8）。以
斯拉帶領流亡者以禁食和禱告的方式來尋求上帝，祈求在他們將要
做的大事上取得成功並免受傷害（以斯拉記 8：21–23）。以斯帖禁
食並要求其他人禁食，以懇求保護她的人民猶太人免受毀滅（以斯
帖記 4：15、16）。但以理不吃美味，以使自己頭腦清晰，在異國
他鄉事奉上帝（但以理書 1：8–13）。

　　在《新約聖經》中，耶穌在準備開始公開傳道時禁食了四十天
（馬太福音 4：1、2）。當然，對基督徒來說，四十天的禁食不是

一個常規。[10] 顯然，耶穌就像以利亞和摩西一樣，在四十天禁食的時間裡得到了超自然的支持。但是耶穌為我們樹立了一個榜樣，說明祂願意放棄簡單的享樂，以建立與上帝之間更緊密的聯繫和更大的事工成效。當早期教會在尋求理解上帝的旨意，以及上帝為他們設想的下一步宣教事工時，會進行禁食並祈禱（使徒行傳13：1-3；14：23）。基督的門徒被告誡禁食，以克服他們的不信（馬太福音17：21）。保羅和他的夥伴們禁食（哥林多後書6：5），他還建議夫妻在特殊的祈禱季節時禁同房（哥林多前書7：5）。《聖經》還警告禁食可能無效的情況：那就是當我們尋求與上帝聯繫的同時，卻又不關心他人的需要（以賽亞書58：3-8）。

許多復臨信徒的先賢們也禁食。1844年大失望之後，許多人加倍努力，以了解《聖經》有關末日預言的內容。因此，他們禁食、禱告和研究，直到他們對上帝之道的理解有了重大突破。[11] 早期的復臨信徒也在其他時間禁食和禱告。[12] 即使在今天，懷愛倫也敦促教會領袖們要另設禁食和禱告的日子。[13] 她還建議代表那些陷入招魂術和撒但影響的人們禁食和禱告。在這些情況下，她鼓勵「如果上帝謙卑的聖徒禁食祈禱，他們的祈禱就會戰勝邪惡」。[14]

為了危機或成長所做的禁食和禱告

有時候，教會和機構應該認真考慮召集信徒和員工進行禁食禱

告日。尤其是教會或其會眾面臨巨大挑戰時，更應當如此。例如，在我撰寫本文時，新型冠狀病毒（COVID–19）已被認知為一種全球的流行病。[15] 該病毒於 2019 年 12 月下旬在中國武漢湧現。在不到五個月的時間裡，它已成為一種大流行病，感染了全球 95％以上的地區、近 500 萬的人口。所有類型的體育和音樂活動均被取消。學校被關閉。整個國家進入完全封鎖的狀態。世界主要金融中心的股票市場經歷了歷史性的巨大損失，導致可能成為一個世紀以來最嚴重的全球經濟蕭條。許多行業和企業遭受大量的損失，受到了不可挽回的影響。相對而言，世界陷入了停滯狀態。現在，許多專家都表示生活將不再一樣。

當然，這一切也影響了復臨教會。每五年才舉行一次的全球總會代表大會被推遲了一年，並且取消了許多附屬的會議。教會領袖的所有出差行程都被迫暫停。在我和妻子居住的韓國，所有復臨教堂都必須關閉。一些教會在網上提供線上聚會，但是由於缺乏親自參加教會活動的教友，導致什一奉獻和捐款的急劇下降。教堂關閉後僅一個月，當地區會就召開了緊急會議，討論如何應對迅速減少的財政資源。一個月後，我們聽到報告說，世界各地有許多區會為了生存被迫將牧師的薪水削減三分之一。在我和妻子任職的地方，我們也不得不放棄部分薪水。這是一場真正的危機，是一場足以破壞世界和教會財務健康的危機。這種可怕的情況是一個很好的例子，說明教會在這個時候需要禁食並一起禱告，請求上帝的緊急干預。

　　當我擔任教會牧師時，我所服務的最後一間教會經歷了一次重大的屬靈復興。禱告成為那間教會的中心：在禱告聚會、委員會會議，外展工作、早晨聚會和特殊代禱時期。許多人——成年人、家庭、退休人員、商人、專業人士和青年人都參加了集體禱告。主祝福了教會渴望聖靈的願望，因為他們祈求聖靈祝福並干預會眾中許多人的生活。在不到十八個月的時間裡，參加教堂禮拜的人數增加了三倍。什一奉獻和捐款增加了十倍。絕大多數成員都變得活躍起來，參與了教會的某些事工。傳福音成為中心焦點，在五年內促成了近 200 人受洗。顯然，聖靈在運行。在這個令人難以置信的靈性和人數增長的時期，教會領袖呼籲在週末進行禁食和禱告，力求在我們的教友和對復臨教會信息感興趣的訪客生活中經歷更大的勝利。

禁食和禱告週末

　　事實證明，該教會每六至八個月組織一次禁食禱告週末。教友之前沒有這樣做的經驗。他們是如何舉行的呢？

　　首先，要有周密的計畫和組織。為每個週末選擇一個主題。邀請在該主題有專業知識的人進行客座演說。男執事和女執事承擔了主要責任。在為期三天的聚會中，男執事負責所有的硬體設施，包括洗手間、清潔、水和果汁的分配。女執事負責參與者的報到、物品、資料和兒童節目。我們製作並分發了有關如何禁食的簡短講義。

我們鼓勵人們禁食，但也必須同時注意自己的健康和經驗。有些人禁食得多，有些人禁食得少。長老們則負責帶領特別房間的禱告（保持閱讀），並幫助牧師補充客座演說無法涵蓋的內容。

從星期五下午一直到星期日早上，禁食禱告活動持續了 40 個小時。所有活動的時程安排皆以 90 分鐘為一場。晚上，最後一場禱告聚會在十點結束，而在早晨，第一場聚會在六點開始。這意味著每個週末約十五場。顯然，我們不可能指望同一位演講者在 40 小時內講 15 次，因此牧師和長老們主持了大約一半的聚會——針對那些人數較少的場次。以下是 90 分鐘聚會的時間分配範例圖表：

活動	目的	時間分配（90 分鐘）
詩歌敬拜	召集新一節禱告聚會並為其定調	10 分鐘
歡迎和禱告	開始新的禱告聚會	5 分鐘
檢閱禱告卡	確定他人的需求	5 分鐘
信息	根據主題關注上帝的話語	40 分鐘
團體禱告	與上帝一起談論關於聖靈和人們的迫切需求。每次都以不同的方式進行。	20 分鐘
休息	在下一場聚會前、散步，四處走走或默想。	10 分鐘

　　而參加這些聚會的禱告卡是匿名的，有三行填寫空間讓人們寫下禱告的祈求事項。人們被鼓勵在上帝面前寫下他們三個最誠摯的請求，然後將卡片釘在環繞教堂的八面牆中的兩面牆。在每次聚會進行期間都會增加更多的卡片，在休息時間，許多人會去閱讀這些卡片。他們經常發現與自己相似的需求，並因此受感動去理解他人的需求並為他們祈禱。

　　整個教堂裡都擠滿了祈禱的人。此外，還有一些房間是為非常特殊的禱告需要而設的。其中一間是針對那些需要從破裂的關係中得到醫治的人準備的。通常，這意味著這些人正在面臨離婚或分居，因缺乏相互寬恕或因家庭關係問題而彼此疏遠。第二間禱告室被指定用來尋求對付成癮的成功方法，這些成癮是吸煙、飲酒、賭博、吸毒、性或任何其他類型的束縛習慣。這些禱告室需由明智、敏銳而體貼的平信徒或退休的牧師領導，他們在處理這些類型的問題時非常謹慎。希望去這些特別禱告室的成員會發現其他人也在類似問題上掙扎，他們會彼此同情並互相鼓勵。第三個特別房間是為了祈求身體和情感的醫治。這包括身體殘疾、疾病纏身的人，以及患有憂鬱症或癌症的人。

　　大多數參加者則是與主要小組一起禱告。如果在特定的一場聚會上有一大群人，例如有三百或四百人參加，則整個會眾會被分為十二個小組，按一年中的每個月份安排。要在教堂周圍提前設置月

份的標誌，使人們可以按照出生月份與其他人一同祈禱。他們做了簡短有聲的禱告，因為集體禱告的目的是通過聆聽兄弟姐妹的禱告和我們自己的禱告來得到祝福。

參加這些禁食祈禱週末的人比最初預期的要多得多。隨著更多周末活動的舉辦，其他教會的人也決定參加。在其中的一個週末，我們有多達八百人參加。而教會的全體教友只有這個數字的一半。人們的生活有了許多突破性的進展。破裂的婚姻得到了修復。任性的年輕人經歷了徹底的改變。人們的身體得到了醫治。關係得到了修復。儘管當時不一定舉行佈道會，參加者還是做出了跟隨基督的決定。

受這些禁食祈禱週末活動影響最大的人，是年輕人和年輕的專業人員。他們大多數人以前從未禁食過。他們從來沒有花一個週末來尋求上帝。他們當中有許多人在金融、醫療保健或電腦軟體產業領域擁有高薪工作。他們習慣只關心自己。他們不急於結婚，因為高薪，他們的生活變得輕鬆。他們當中的許多人駕駛進口的豪華名車，甚至擁有遊艇和其他休閒車輛。但是由於他們比較年輕，比老年人有更多的精力，所以他們能夠參加更多場的聚會。大多數人參加了十五場聚會當中的五、六場，但年輕人平均參加了十二場或十三場。通過這樣做，他們允許上帝的靈深入運行在他們的生活中。許多年輕人從此徹底改變了他們的生活方式。他們把昂貴的車輛換

成便宜的車輛，並開始定期向教堂奉獻什一。有些人考慮成為傳教士。其他人則開始參與事奉，在教堂服務，並接觸他們的同事和非基督徒朋友，這是他們過去沒有花時間做的事情。一些人開始與慕道友一起學習《聖經》。禱告和禁食是上帝用來改變教會氛圍的途徑。

也許你的教會已準備好立即計畫這種性質的禁食禱告活動。其他教會可能需要在屬靈上更加成長，才能成功地進行這樣的活動。但是，為什麼不為你的教會做好準備而禱告呢？

這是上帝的忠告：「從現在起直到日子的結束，上帝的子民應該更加認真、更加清醒、不要相信自己的智慧，而要相信耶穌的智慧。他們應留出幾天禁食和祈禱。也許不需要完全斷食，但是他們應該選擇少量又最簡單的食物。」[16]

如果我們花時間和精力認真地尋求上帝，祂將以許多奇妙的方式彰顯自己。我們將看到我們的禱告得到具體回應。讓我們憑信心去見祂！

小組討論或個人思考

1　你是否曾經認真禁食禱告過？你這樣做的目的是什麼？

2　禁食不僅僅是放棄食物。在當今世界，基督徒有時應該放棄哪些其他事情？為什麼？

3　為什麼這麼簡單的活動——禁絕從食物或其他娛樂中獲得樂趣再加上禱告——竟會產生如此大的變化呢？

4　你覺得作者以前的教會在禁食禱告週末活動方面，有什麼令人感到驚訝或獨特之處？

5　你認為你所在的教會和／或復臨機構是否已準備好經歷類似的事情？他們需要什麼來安排禁食禱告的安息日或週末？

註釋

1. 見海倫·韋塞爾編，《查爾斯·芬尼的自傳》（明尼蘇達州明尼阿波利斯：Bethany House，1977），31，29 頁。有關芬尼悔改的精彩描述，您還可參閱我的著作：《復臨教會最大的需要：聖靈的澆灌》（愛達荷南帕，太平洋出版社，2011），113-115 頁。

2. 查爾斯·芬尼（Charles Finney），《來自高處的力量：它的性質以及獲得之道》（賓州華盛頓堡：基督教文學十字軍東征，2005 年），第 13、14 頁。

3. 約翰·派皮爾，《對神的渴望：通過禁食和禱告渴望神》（伊利諾伊州惠頓：Crossway，1997），93 頁。

4. 參閱丹尼·維拉，《禁食和祈禱的力量》（加州維克多：現代甘露，2013 年），第 17 頁。

5. 懷愛倫，《論飲食》（華盛頓特區：評論宣報®，1938），189 頁。

6. 安得烈·莫瑞，《與基督同在禱告學校：對代禱事工培訓的思考》（紐約：Fleming H. Revell，1895），99 頁，https://www.google.com/books/edition/With_Christ_in_the_School_of_Prayer/kwI3AAAAMAAJ。

7. Siegfried H. Horn 編，《基督復臨安息日聖經詞典》，評論參考系列卷 8（華盛頓特區：評閱宣報®，1960），「禁食」。

8. 懷愛倫寫道：「西門使他現在鄙視的女人（馬利亞）犯罪。她因他深受委屈了。」《歷代願望》（華盛頓特區：評閱宣報®，1898），566 頁。

9. 伊爾默 L. 唐斯，《為屬靈突破而禁食：九種聖經禁食指南》（加州文圖拉：Regal Books，1996），25 頁。

10. 懷愛倫在她的《論飲食》一書中告誡說：「你沒有被要求禁食四十天。主在試探的曠野中為你禁食。這樣的齋戒沒有任何美德；但基督的血是有美德的，」189 頁。

11. 懷愛倫回憶與約瑟夫·貝茨、皮爾斯神父、維德森長老和詹姆斯·懷特等先驅的會面：「因為我們覺得我們必須學習上帝的真理。我們常常在一起直到深夜，有時甚至整夜，祈求亮光，研讀聖經。當我們禁食祈禱時，強大的力量臨到我們。但我無法理解弟兄們的想法。我的思想被鎖住了，我無法理解我們在學習什麼。然後上帝的靈會降臨在我身上，我會在異像中被帶走，並且會清楚地解釋我們所學習的經文，並指示我們在真理和責任方面應採取的立場。」〈建立我們信仰的基礎〉，《手稿發布》卷 3（馬里蘭州黑格斯敦：評閱宣報®，1990），413 頁；強調補充。

12. 見懷愛倫，《教會證言》卷 3（加州山景城：太平洋出版社®，1948），451 頁；懷愛倫，〈那 9 個人在哪裡？〉，《復臨評論與安息日先驅》，1889 年 2 月 19 日，第 1 頁。有一次他們應該禁食，但在 1888 年總會大會會議上卻沒有這樣做。事實證明，那次會議對於理解基督為罪人所做的工至關重要，但許多代表還沒有準備好接受上帝對此事的光照。參閱懷愛倫《1888 年資料》，831、832 頁。

13. 「按照上帝的旨意，那些負有責任的人應該經常聚在一起互相商議，並熱切地祈求只有祂才能賜予的智慧。少說話；很多寶貴的時間都浪費在沒有亮光的談話中。讓弟兄們在禁食和祈禱中團結起來，祈求上帝應許慷慨供應的智慧。」懷愛倫，《傳道良助》（華盛頓特區：評閱宣報®，1915），417 頁。

14. 懷愛倫，《教會證言》，卷 1（加州山景城：太平洋出版社®，1948），343、344 頁。

15. 2020 年 3 月 13 日，當我第一次重寫本章段落時，有 108 個國家報告有 132,600 人被感染，近 5,000 人死亡。來自 Jessie Yeung、Joshua Berlinger、Adam Renton、Meg Wagner、Mike Hayes 和 Veronica Rocha 的信息，「3 月 13 日冠狀病毒新聞」，CNN，2020 年 3 月 13 日更新，https：//edition.cnn.com/ world/live-news/ corona virus-outbreak-03-13-20-intl-hnk/index.html，半島電視台和新聞機構，「新型冠狀病毒：哪些國家有確診病例？」，半島電視台，3 月查閱 2020 年 1 月 13 日，https：//www.aljazeera.com/news/2020/01/countries-confirmed-cases-coronavirus-200125070959786.html。不過，就在十天後，173 個國家或地區的死亡人數達到 14,641 人，感染人數超過 336,000 人！十天之內，超過 20 萬人感染了病毒！參閱 Julia Hollingsworth、Jenni Marsh、Rob Picheta、Fernando Alfonso III 和 Amir Vera，「3 月 22 日冠狀病毒新聞」，CNN，2020 年 3 月 22 日，https：//edition.cnn.com/world/live-news/coronavirus-outbreak-03-22-20/index.html。 到了 4 月 8 日，感染人數已增至 1,511,104 人，死亡人數增至 88,338 人。新冠病毒大流行的嚴重性體現在日復一日、週復一週的病例和死亡人數的指數級增長中。參見「新型冠狀病毒的全球傳播圖」，《華盛頓郵報》，4 月 9 日查閱，2020，https：//apple.news/A_R4dopFQRQulXvHMhehAHA。5 月 17 日，確診病例達到了 4,626,632 例，死亡 311,363 例。請參閱 https：//www.fox news.com/ 上的 COVID-19 追蹤計畫，2020 年 5 月 17 日。

16. 懷愛倫，〈誠摯努力的需要〉，《復臨評論與安息日先驅》，1904 年 2 月 11 日，第 8 頁。

IN THE NAME
Power to Pray for   OF JESUS
People and Places

第 **15** 章

其他的禱告策略

　　美國當代著名神學家陶恕（A. W. Tozer）寫道：「在上帝的國度裡，看到祂的子民坐在桌子旁挨餓是一件嚴肅而可恥的事。」[1] 這是一個令人震驚的事實，也是非常可悲的聲明。我擔心這句話經常發生在我的生命中。我懇求上帝使我成為一個禱告的人，因為多年來我浪費了許多與祂交流的機會。有時，我感覺就像把獎賞握在手裡，但在最後一刻卻因受到敵人的干擾而放手。沒有耶穌，我們的生命就非常軟弱。

　　只有禱告伴隨著上帝的話，才能使上帝的靈充充足足的運行在

我們的生活中。實際上，上帝的話懇求我們祈禱。愛德華・麥克肯德瑞・邦茲（E. M. Bounds）的主張頗具說服力：「《聖經》中沒有任何堅持比禱告更緊迫，沒有任何勸告比禱告再三、且不斷被重申、更真誠、更莊嚴、更激勵人心。沒有什麼責任比禱告的義務更強烈，沒有什麼命令比禱告更迫切。」[2]

門徒的祈求是「求主教導我們禱告」（路加福音 11：1）。我們當中有些人比其他人更難養成良好、健康的習慣。在我們罪惡的本性中，有時就是明之不可為而為之（羅馬書 7：18、19；耶利米書 17：9）。**每個人都需要他人的鼓勵和力量才能在屬靈上成長**（希伯來書 10：23–25），**但我們當中有些人明顯對此有更大的需要；這就是為什麼我們一起祈禱是如此的重要。**

實用的禱告倡議

當我還擔任前述教會的牧師時，教會參與了許多禱告事工。有一個事工名叫**禱告鏈**，它連結著每個教友或家庭單位。在危機時期，一個人會打電話給他或她的聯絡人，與他們一起為眼前的危機祈禱，然後另一個對下一位也會做同樣的事。今天，這樣的事工可以透過社交媒體輕鬆又快速地完成。但是，給某人打電話的好處是可以口頭一起禱告，而不是簡單地發一通簡訊說明需要，然後就轉身做別的事情。

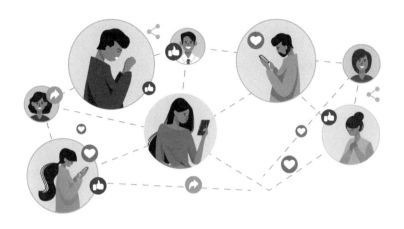

　　崇拜聚會的禱告對教會很重要。禱告的重點在於請求得到〈希伯來書〉4 章 15、16 節的應許：「因我們的大祭司並非不能體恤我們的軟弱。祂也曾凡事受過試探與我們一樣，只是祂沒有犯罪。所以，我們只管坦然無懼的來到施恩的寶座前，為要得憐恤，蒙恩惠，作隨時的幫助。」

　　你能看到這個偉大應許和呼籲的組成要點嗎？首先，我們的大祭司、天上的牧者，可以完全理解我們的弱點。在這方面，祂非常像我們。正如我們也必須如此行，「祂雖然為兒子，還是因所受的苦難學了順從。」（希伯來書 5：8）第二，基督是勝利者！祂從不屈服於罪惡。祂知道如何克服它。第三，基於前兩點，我們可以大膽地來到上帝的寶座前，滿懷期待得到幫助。第四，這種幫助將及時到達，不是在前，不是之後，而是及時到達。我們的教友學會了按照這一美好的應許生活。

　　週間的禱告聚會經過重新調整之後，成為真正的禱告聚會。我去過很多教會，那裡的「代禱事項」或「論禱告」的討論比人們真正進行禱告的時間還多。我們不見得總是在這個方面取得成功，根深蒂固的習慣是很難打破的。但**我們的重點是禱告，而不是談論禱告。**

　　真正開始促成大幅改變的禱告行動是清晨的領袖禱告時間。牧師和長老們在星期一早上五點見面。幾週後，它被擴展到週間的其他日子，並向所有感興趣的教友開放。這些是必要的小型聚會，少至三個人多至三十個人，清晨的禱告時間變得非常有意義。我們感覺到上帝正在傾聽。

　　另一個倡議被稱為**力量時刻**。這活動安排在清晨禱告時間之前，因為教會逐漸喜愛集體禱告。在白天時間較漫長的春季和夏季時分，我們在安息日的下午舉行了一小時的禱告活動——只需要禱告 60 分鐘。在白天時間較短暫的秋季和冬季，我們在星期五晚上聚會。

　　委員會和小組的禱告成為中心。教會堂董會在開始討論議程之前，預留了 30 分鐘進行集體禱告。其他委員會也遵循相同的做法。小組事工將禱告作為聚會的一個重要元素。有時候他們會用很長的時間禱告，組員因聖靈的同在深深感動。

　　每當有重大的系列佈道會展開之前，我們會聚在一起，稱之為**樓房十日**。在那時，我們將尚未歸向耶穌的人的名字和事情擺在主面前，並特別祈求聖靈的大能降臨在我們的收割佈道上。

　　我們已經討論過禁食禱告的週末活動。同樣，可以考慮**通宵禱告**，但要注意的是：熬夜確實會加重身體負擔。只有在第二天是假期或休息日、或者教會面臨非常嚴重的危機情況下，才可以考慮守夜禱告會，這樣的舉動相當於因為親人徘徊在生死之間，而整夜待在醫院裡。

　　復臨教會或機構可以透過許多其他方式專注於禱告。實施這些計畫中的其中幾個是理想的，因為不同的人可能會以不同的方式接近上帝。

　　在本章中，我還想提到幾項禱告的作法，其中有一項我至今尚未嘗試過。

讓禱告成為整個社區的大事

　　擁有基督教傳統或對基督教信仰持開放態度的國家可以從社區禱告活動中受益。那是什麼呢？在每個社區或地區，其公民都面臨著獨特的挑戰——無論是犯罪、失業、育兒、影響一些家庭的悲劇、

僱用許多當地人的大公司倒閉，還是其他問題。有時這些問題會超越社區層面，例如 2020 年的新型冠狀病毒或戰爭狀態。無論是什麼問題，這都是邀請社區領袖、教會和一般民眾進行禱告日一個很好的理由。

在美國，每年五月的第一個星期四被稱為「全國禱告日」。[3]全國各地都會舉行許多禱告活動，公民和宗教領袖都參與其中。有一年，北美分會的禱告事工協調人決定組織一次活動。她稱之為「與市長共進早餐」。她是怎麼做到的呢？

首先，她與市長聯繫，提議組織一次禱告早餐會，為警察、消防部門、公民和宗教領袖以及城市中的其他人祈禱。市長對此並不特別熱心——她以前從未參與過此類活動——但她也不反對。她們確定了日期並開始進行安排。

她們所做的第二件事是成立了一個**跨教派的督導委員會**。重要的是，在委員會中必須有真正相信此活動可以為社區帶來好處的人。這個小組也花了很多時間一起禱告。

然後，她們要求商會負責登記。知道有多少人需要用餐是很重要的。由於該市沒有早餐的預算，該小組還負責向參加活動的人收取費用。讓復臨教會支付費用似乎有點宗派主義或突顯只為復臨教

會利益服務。儘管該想法來自復臨教會，但目的是讓不同的信仰和民間團體來參與。他們與該市的一家餐飲服務業者簽約，請他們準備和提供早餐。

她們要求縣長辦公室負責活動場地。這樣一來就有越來越多的公民機構參與並自然而然地支持活動。他們讓消防部門監督停車，教育機構的年輕夫婦成了服務招待員。他們還建立了一個網站並印製節目單。該節目包括：來自每個主要城市機構的簡短問候，為國家禱告的原因，優質的音樂作品，在每張早餐桌上為當地和國家機構禱告，以及高唱在美國相當於國歌的一首歌——《上帝保佑美國》（God Bless America）。[4]

此事件是一個範例。關鍵是要有創造力，並吸收社區中其他機構和教會的幫助。禱告是大多數人都願意接受的事情。為什麼不在社區中組織一次禱告活動，讓大家聚在一起，並幫助復臨教會以有意義的方式與社區互動並以此聞名？

四十天的禱告

在復臨教會中越來越普遍的禱告倡議，就是以四十天為主進行的特別禱告。這通常是在一個重大活動開始前的四十天，例如佈道會的前期預備，宣教之旅或教會需要做出重大決定的時候。我曾使

用這個計畫幫助教會做好佈道的準備。

為什麼是四十天？在《聖經》中的數字「四十」是準備的象徵，是過渡到新生命的時期。例如，耶穌在祂公開傳道前花了四十天禱告和禁食（馬太福音 4：1、2）；在洪水期間，雨下了四十天，上帝重新給人類與他更新關係的機會（創世記 7：17；8：6）；摩西在領受十誡之前與上帝共度了四十天（申命記 9：9–11）。

當我們系統性地為周圍的許多人——家人、朋友、鄰居、同事禱告時，他們的生活就會出現重大的轉變。現在就是寫下名字和聖經應許並每天為每個人禱告的時候。

復臨教會牧師——丹尼斯・史密斯（Dennis Smith）十分擅長這項計畫。他寫了一系列針對四十天禱告的培訓書籍。這些都是非常有用的資源。[5] 書中每天提供一到兩頁的閱讀、六到七個小組討論問題，最後是禱告的重點。這是非常簡單和實用的。在我所見過、實施這項計畫的地方，教堂每天都準備一本閱讀材料——有時僅僅是《聖經》的一句話——然後說明每天禱告的重點（他們此行的目的），最後花時間一起禱告。我想再一次重申，集體禱告就是大聲禱告，讓不同的人有機會進行簡短的禱告，使其他人也能聽到。集體禱告不是像有些人默默禱告的作法。這種禱告方式並不需要教會聚集在一起。

①組織幾個小組
　在城市周圍禱告

②接觸停止聚會的信徒

③進行四十天的集中禱告

④舉辦一次社區服務活動

⑤特別為來教會英語學校
　學習的非復臨信徒年輕
　人禱告

　　我曾經在台灣彰化舉行一系列的佈道會。教堂很小：安息日早晨只有 20 至 25 人參加，其中包括一些非教友。首席長老說，他不記得在過去二十至二十五年裡，他的教堂舉行過任何佈道會！因此，正如人們所懷疑的那樣，教會還沒有做好傳福音的準備。但是，在王牧師的帶領下，人們願意學習。我們有兩個月的時間做有限的準備。

　　我們與他們計畫了一個下午的培訓課程。在接下來的八週中，我們將重點放在五件事上：①組織幾個小組，在城市周圍禱告；②接觸停止聚會的信徒；③進行四十天的集中禱告；④舉辦一次社區

服務活動；⑤特別為來教會英語學校學習的非復臨信徒年輕人禱告。這間小教會做了所有必要的工作。在禱告方面，三個小組每週都要進行幾次的行走禱告，教友每天晚上在教堂聚集禱告四十天，直到佈道會開始。

當連續十一個晚上的佈道會開始時，51個參加者中有一半是非教友。這是平時安息日上午赴會人數的兩倍之多！每晚平均出席人數為49人。到一系列的佈道會結束時，有9個人決定受洗並加入教會，其中5人是英語學校的學員。祈禱是有效的！

我的朋友德懷特‧納爾遜（Dwight Nelson）是安得烈大學（Andrews University）先鋒紀念教堂（Pioneer Memorial Church）的資深牧師，他堅信禱告的功效，尤其是集體禱告。他將個人禱告比作一盞燈，甚至可以照亮一大片區域。但是他認為集體的禱告就像一束雷射光，能夠在鋼鐵上鑽出一個洞。「如果我們要完成擺在我們面前的偉大工作，那麼我們必須向上帝獻上熱誠而有效的祈禱。若能有幾個人同心協力聚集，心中負有對於滅亡之靈的重擔，並提供認真懇切的祈禱，他們將證明如此行是有效的。」[6]

小組討論或個人思考

1 列出目前在你所屬的當地教會或任職的復臨教會機構中的禱告項目。是否可以增加更多而捨棄一些項目？是哪一些項目呢？

2 你認為你當地的教會或復臨機構是否可能計畫在清晨或至少每天進行一次禱告，前提是你們尚未這樣做？要怎麼做才能達到這個目的？或者，如果這樣的禱告聚會已經存在，要怎麼做才能使其變得更有意義？

3 想像一下復臨信徒可以或應該主辦什麼樣的社區禱告活動。它會是什麼樣的形式？

4 你的教會或機構是否參與過為期 40 天的禱告計畫？有哪些不足之處？有什麼優點？如何做才能期待產生更大的果效？

5 你還能想到哪些在本書中沒有提到的禱告策略呢？

註釋

1. A. W. 陶恕，《對上帝的追求》（Camp Hill，PA：基督教出版物，1982），第 9 頁。陶恕是上一個世紀最有影響力的基督教作家之一，常被稱為「二十世紀的先知」。

2. E. M. 邦茲，《邦茲論禱告合集》（密西根州急流城：貝克，1990），381 頁。

3. 例如，請參閱國家祈禱網站在 2020 年計畫的特別日：https：//www.nationaldayofprayer.org。

4. 整個經歷由 Don 和 Ruthie Jacobsen 撰寫並出版在一本小冊子中，書名為：《與市長共進早餐》（喬治亞州海厄瓦西：High Walk Productions，2014）。

5. 例如，《40 天：為基督復臨做準備的祈禱和靈修》（2013 年）；《40 天：重振你與上帝經歷的祈禱和奉獻》（2013 年）；《40 天：地球最後事件的祈禱和奉獻》（2012 年）；《40 天：反思基督十字架的祈禱和靈修》（2015 年）；《40 天：為上帝的奇妙奇蹟祈禱和奉獻》（2017 年）。前三本書由評閱宣報 ® 出版，後兩本書由太平洋出版社 ® 出版。

6. 懷愛倫，〈與世界為友就是與基督為敵〉，《復臨評論與安息日先驅》，1892 年 8 月 23 日，第 1 頁。

第 16 章

禱告與佈道

　　沒有什麼比上帝的教會直接參與佈道和禱告以拯救生靈更讓黑暗的勢力感到不安的。要知道撒但的憤怒是無止境的。我記得在田納西州的克利夫蘭市舉行過一次校外佈道。我們與八所願意參與的教會，以及來自安得烈大學約十名的神學生合作。但是效果不彰，決志受洗的人不如預期來得多。當時，在佈道會中有一個婦人坐在最後一排，但從未留下來回應獻身呼召。她會發出非常奇怪的聲音，打擾佈道會的進行，而我開始發現一種模式：當我在講道中提到上帝的大能或基督的寶血時，她會不由自主地發出一些怪聲。

　　一天晚上，我終於想起了她是誰。幾年前，當我還在南方復臨大學任教時，當地的一位牧師打電話給我，說這名女性被鬼附身並懇求幫助。我去了教堂，大約有十五個人已為她禱告了一段時間，但附在她身上的魔鬼很憤怒。她在附近的教室裡，大喊大叫並說了許多褻瀆的話。我們之中的兩個人冒險走向她，看看是否可以使她冷靜下來。當她看到我們時，她抬起了一個巨大的金屬桌子，其重量是她矮小身軀重量的好幾倍，威脅著要把它扔向我們。

　　後來那天晚上我們平安無事。但是現在，撒但又露出他的真面目。有一個晚上，她決定留下來。我終於有機會向她打招呼，坐在她旁邊與她交談。我知道聖靈還沒有放棄她，否則她就不會來，即使只是為了擾亂佈道會。談話時原本一切都很好，可是突然間，她整個人就完全變了樣，她帶著仇恨的眼神怒視著我，用一種我在當時從未聽過的、最恐怖的聲音對我說：「如果我有一把刀，我會立即割破你的喉嚨！」

　　那天晚上，耶穌的天使再次保護了我，對此我非常感謝上帝。但是，如果你敢冒然踏入撒但的領土，麻煩之事是可以預見的（帖撒羅尼迦前書 2：18；約翰福音 16：33）。這就是為什麼在進行佈道會時，禱告——持續的、信靠的、代禱的禱告是如此重要。如果你舉行佈道會只是為了達成區會的期望，或者因為你認為這是滿足復臨教會文化應該做的事情，就不需要禱告，但是，如果你真的想從魔鬼的掌握中為耶穌贏得生靈，你就需要認真的禱告。

上帝拯救

　　我在南方復臨大學擔任宗教學院院長時，曾經帶領 18 位四年級的神學生去西非的加納進行宣教。我們是美國第一所與老羅伯特・傅博仁牧師（Robert Folkenberg Sr.）和他的新宣教組織「ShareHim」（分享祂）[1] 合作的復臨大學。當我們到達時，我們知道自己處在另一個世界。我和大多數學生已經有國際經驗，因此來自完全不同文化的聲音、氣味和舉止並不會對我們造成困擾。令我們感到驚訝的是善與惡之間的激烈鬥爭。我們看到了幾個被鬼附身的案例。我們聽到了從巫術中被解救出來的新復臨信徒的講述。我們聆聽了令人毛骨悚然的故事，是關於黑暗的權勢和耶穌奇妙的拯救。我們還意識到，一些復臨信徒在壓力下仍會向死去的祖先和其他的靈魂尋求幫助。

　　在加納，我們每天都在工作中看到光明與黑暗之間的鬥爭。我和所有學生都在加納第二大城——庫馬西的不同地點宣揚上帝的話，我們當中大多數人都是在開闊的空地中講道。人們很感興趣，當地的教會也為他們努力不懈地工作，撒但對此並不高興。在我看來，他對我們的存在感到不滿，因為他長期以來一直沒有在當地受過來自《聖經》真理的直接挑戰。本來當地在那時應該是旱季，但晚上經常下雨，並且只在我們準備好講道時才開始下雨。晚上佈道會結束後，我把學生聚集在旅館裡，他們講述了同樣的故事，只是我們的講道時間略有不同。直到那個特定地點的復臨教會傳道人開始講道之前，雨才開始落下！

好消息是，儘管撒但竭力破壞、勸阻和煩擾加納的傳教士和那些對上帝的信息感興趣的人，但西非的教友知道如何祈禱。每天晚上，由七到十個人組成的小組，在佈道會舉行之前、進行期間和散場之後都會進行禱告。他們一起禱告了大約兩個小時。我有幾次參加他們的禱告，哦，他們的祈禱是多麼迫切！你可以看出他們理解善惡之間的強大鬥爭。他們以信念和信心祈求上帝的應許。但是鬥爭仍在繼續。

在我講到洗禮的那天晚上，大雨恰好在我呼召人們獻身接受洗禮的時候傾盆落下。由於我們在空地上，每個人都分散到樹下或附近的建築物中躲避。由於我們安裝了功率強大的喇叭，他們仍然可以聽到我的聲音，但是他們無法表明他們希望接受洗禮。

另一天晚上，我本來應該講述《聖經》中關於人死後的狀態。在我四十年的傳道生涯中，我了解到這個主題深深地激怒了撒但。他不希望世人知道真相。因此，那天晚上，是第一次也是唯一一次，大雨提前了整整兩個小時！那是一場暴雨。所有的戶外聚會點都必須取消佈道會。由於我們每天晚上都安排了特定的證道主題，因此沒辦法另作安排補足遺漏的題目。最後，我們決定舉辦一場早晨聚會。

第二天早上三點半，我和十四歲的兒子克里斯托弗（Christoffer）起來，走了大約兩英里到達佈道的地點。我宣講《聖經》中關於人死後的狀態的真理。這座城市的每個人都能在早上五點鐘時聽到我

的聲音。長話短說，從那天起，人們開始做出決定。魔鬼的力量被打破了。在我們所在的佈道地點，一共有 82 人受洗。全市大約同時舉行了 500 場佈道會。在最後一個安息日，在博蘇姆推湖（Lake Bosomtwe），25 名牧師在六個小時內為 3,189 人施洗。我們當時真是萬分歡喜！

禱告戰勝了撒但的仇恨

上帝再次贏得了勝利，這在很大程度上要歸功於信徒的忠實代禱。我和我的學生們每天早晚也在禱告。魔鬼輸了，而且輸的很徹

底。然而，幾天後，撒但的憤怒就暴露出來，負責邀請我們前往佈道的加納聯合會領袖和佈道會協調人經歷了可怕的交通事故。三名聯合會的首長和另外兩名領袖搭同一部車時，一輛迎面駛來的車衝向他們的車道，導致他們的車在高速之下偏離道路。他們的車輛在公路上翻滾並撞進一旁的叢林。我看到那輛車的照片：那是一堆揉成一團的金屬，很難想像在這種情形下有人還能活著，而且所有人都倖免於難。

意外發生之後，我回到家中，我發現辦公室裡的電腦和隨身碟被偷了！這對我來說是個人的悲劇，因為我所有的課堂講義、證道的講章，以及我二十多年的工作資料，都存在這隨身碟和電腦上。我們打電話報警，一名校園保全與他們一同前來採指紋。同一時間，跟我同去加納的一位學生知道所發生的事情。他也來到我的辦公室，為我懇切地祈禱，希望上帝的靈能「說服小偷悔悟並將電腦和隨身碟歸還」！我認為那是一個非常大膽的禱告！後來我們得知小偷就是那位和警察同來的年輕保全，他在我的辦公室聽見了那位學生禱告時說的每一句話。這位年輕人回家後很愧疚，於是就將電腦帶回來，到警局自首。

事情還沒有結束。幾天後，我到華盛頓特區附近的馬里蘭州銀泉市參加會議，當時我病得很重，發燒到華氏 105 度（40.5℃），我頭痛欲裂，怎麼也睡不著，吃的和喝的都吐了出來，我的身體極

度脫水非常虛弱。經過懇切的禱告，主把我帶回了家，但有一段時間，我覺得我會死在那裡。我從未患過流感，我想這可能就是因為流感的關係，但我也想知道這是否是瘧疾，因為我已經出現了幻覺。

我的妻子急忙把我送到醫院急診室，在那裡我失去了知覺。後來醫生證實我得到了惡性瘧疾，如果我再晚三個小時到醫院，我很可能會在到院前就死亡。由於美國很少見到瘧疾患者，所以醫院沒有防治瘧疾的藥物，這使問題更加複雜！因此，消息傳出說柯榮恩博士患了瘧疾，生命垂危。在那段日子裡，全國各地約有兩千人為我禱告。入院三天後的安息日，大學裡的牧師朋友用油膏抹我，祈求上帝拯救我的生命（雅各書 5：13–15）。那天晚上，我的妻子以為我活不了，因為我病得很重。但是第二天早上，專科醫生來到我的房間，告訴我，我的血液檢查結果沒有發現瘧疾的痕跡。他認為這件事實在很不尋常。三天後我出院了，並在接下來的一週又回到了學校上課。

禱告在那天拯救了我——主在那天拯救了我——我相信有一天，天堂的天使會讓我知道禱告是如何在我人生中的其他時刻拯救了我。但請不要錯過我的觀點：善與惡之間的大爭戰，從來沒有像您參與帶領人歸向耶穌那樣激烈。儘管如此，耶穌與你同在，因為祂熱愛拯救生靈的工作。這就是為什麼代禱在佈道時是如此的重要。

祈禱在佈道中的作用

　　不能低估禱告在傳福音中的作用。它就像呼吸一樣。沒有它，許多被定罪的人將永遠不會做出相信耶穌和祂話語的決定。當使徒在聖殿中醫治一位瘸子時，主利用這個神蹟帶領五千多人相信祂（使徒行傳 3：1-4：4）。彼得和約翰隨後被捕。在此期間，其餘的使徒們為他們誠懇地祈禱，「因為其餘的使徒們看到彼得和約翰會遇到基督在世上所遇到的、同樣殘酷的對待」。[2] 彼得和約翰一經釋放，便加入禱告的行列，他們完全意識到為拯救生靈展開的大鬥爭（使徒行傳 4：23-31）。「門徒祈禱，可以賦予他們更大的力量……因為其餘的使徒們看見彼得和約翰會遇到基督在地上時同樣遇到的堅決反對。」[3] 這可能就是耶穌明確要求祂的跟隨者為更多願意參與傳福音工作之工人禱告的原因（馬太福音 9：36-38）。請注意，耶穌從未要求我們為更多的生靈禱告。祂知道願意回應我們信息的人比我們想像得要多（約翰福音 4：35）。現在迫切需要的，是願意去「收割」這些生靈的信徒。

　　多年來，我很榮幸能在南方復臨大學，安得烈大學神學院，甚至現在的亞洲從事教學或帶領佈道會。[4] 我在四大洲進行過佈道會，甚至有幸在北美主持過衛星佈道系列，帶領約 8 千人受洗。[5] 我知道，對那些迷失的人來說，善與惡之間的鬥爭是真實的，而幾年前，我了解到禱告在這場鬥爭中的重要作用。

在我年輕傳道之時，我們在美國的深南部（編註：the deep south of the U.S.，亦作「棉花州」，為美國南部文化與地理區域名稱）舉行了佈道會。聚會進行得很順利，教友們也很支持這場佈道會，但是傳道人卻感到灰心。根據他長期的經驗，他說他從未見過這麼少的人決志受洗。通常，這種規模和性質的佈道會應該會有大約 25 個人歸主，並準備在佈道會結束時接受洗禮。但是這次只有10 個人。佈道會有五個星期，現在只剩下一個星期了。在聽完這位傳道人的擔憂後，我召集了團隊中的神學生開會。我們同意每天禱告兩次。在每次聚會之後，我們又分別在早上和晚上禱告約一個小時。我們祈求上帝實現祂拯救失喪之人的應許，儘管有種種不同的跡象，我們相信所在的地方，莊稼已經成熟，可以收割了。我們為每位與會者和他們的處境禱告。在佈道會的最後一晚，有 34 人受洗——不只 10 個人，甚至不只 25 人。幾個月後，這 34 人中的一位決定要接受培訓成為傳道人。他在佈道會的最後一晚做出了決定。在那一週的懇切禱告中，許多事發生了變化。

過去幾年，在我個人的禱告中，我要求上帝在每次佈道會時賜給我特定的受洗人數。如先前所述，如果我們不為特定的結果禱告，就不會知道上帝正在回應我們的請求。有很多時候，前景是令人沮喪的。非信徒對佈道會很感興趣，但他們不會做出決定，相信上帝並加入祂的餘民教會。然而，我一次又一次地見證主的到來。祂曾在紐約、北卡羅來納州的聖路易斯、芝加哥、加州的矽谷等地出現。

祂也在祕魯、南非和加納存在過。祂同樣到過日本、蒙古和香港。我不禁感到驚訝，祂如此持續地回應我們為生靈所做的禱告！[6]

　　我最近一次的系列佈道會是在上一章所提到的台灣。該教會規模很小，只有 20 到 25 名參加聚會的教友，但參加佈道會的人數卻是赴會人數的兩倍。其中一半是非基督徒。但是，沒有人做出受洗的決定，一個都沒有！我知道對台灣人來說，做出決志會比較困難，因為我和居住在加州的華人有豐富的相處經驗，而且幾個月前我們在香港也做過一次大型的系列活動。但是，即使是辛勤工作的牧師和首席長老，也對尚未出現與會者立志跟從耶穌感到震驚。我們要求每位參與的教友懇切禱告。我們甚至要慕道友們認真祈禱。我們公開和私下呼籲他們將生命奉獻給耶穌。有些人已經來教會多年了，但是從未決定跟隨耶穌或加入教會。

　　最終來到了佈道會結束的前一天。再一次，沒有人做出受洗的決定。我以前從未經歷過這種情況，我一直與上帝爭辯說這是不可能的，這沒有任何道理可言。我們已經忠心地傳講了信息，我知道上帝口中所出的應許也必如此，決不徒然返回（以賽亞書 55：10、11）。教友們竭盡全力合作並按相關的指示去做了。教會已準備好接待新的信徒。為什麼沒有至少一個生靈呢？那天晚上睡覺前，我祈求上帝做一些與眾不同的事，一些不尋常的事，讓至少一個人願意加入教會（我本來祈求能有五個人受洗）。

　　佈道會的最後一天、也就是安息日到了，我在講道結束時最後發出受洗的呼召。出乎意料的是，一位我從未見過、約四十多歲的婦人站了起來，表明她渴望受洗。幾秒鐘後，一個十七歲的年輕人站起來，他是一群來教會的非基督徒青年的領袖。他十五歲的妹妹緊隨其後，她的朋友也跟著站起來。然後，朋友的母親也站起來接受洗禮！另外的兩個年輕人也接連站了起來。最後，一對三十多歲的夫婦也願意接受洗禮。總共九個人！上帝應允了禱告！

　　上帝是怎麼做到的？祂做了一件不尋常的事。第一個站起來的婦女不是華人。她是一位菲律賓婦女，來當地探望一位朋友。她在菲律賓曾參加過一段時間的復臨教會，但是，她從未做過受洗的決定。上帝利用這位訪客來鼓勵其他人跟進。

為生靈禱告

查爾斯·芬尼（Charles Finney）仍然是美國歷史上最著名、也最成功的佈道家之一。成千上萬的人因他在紐約州的福音佈道而成為基督徒。但是歷史學家和研究人員了解到，他成功的祕訣與其說是他的講道，不如說是圍繞他講道的禱告。首先，他每次講道都是跪著準備，他為他的講道禱告。其次，就是一位叫丹尼爾·納許（Daniel Nash）的人。

被稱為納許神父的他，在 48 歲時放下了牧者的工作，「全心全意為芬尼的佈道會禱告」。納許會提前三或四個星期去芬尼準備佈道的小鎮。他會找到兩三個志同道合的基督徒弟兄加入他的行列，並開始禱告，為這座城市的居民祈求。有報導說，這些人祈禱時會禁食數日，當人們聽到他們在房間裡為祈禱中的生靈掙扎發出的呻吟聲時，居民以為他們餓死了！[7] 他們只是祈求聖靈的沛降來感動居民。

這種持續而有力的代禱使芬尼贏得了許多生靈。在一個城市中，有三千名婦女在一家紡織廠工作，其中許多人參加了佈道會，但所有人都成了基督徒。有時，當火車經過芬尼佈道的小鎮車站時，乘坐火車的人會認罪，將自己的生命獻給主！芬尼的佈道會改變了整個羅徹斯特市（Rochester）。其中一位後來歸主並成為牧師的人寫道：「整個社區都激動不已。」宗教成為人們在家裡、商店、辦

公室和街道上談論的話題。這座城市唯一的劇院被改造成一個馬車出租所。唯一的馬戲團成了肥皂和蠟燭工廠。格羅商店（廉價的酒吧）關門了；人們守安息日；教堂裡擠滿了快樂的信徒。每一個慈善事業都被賦予了新的動力；仁愛的泉源打開了，人們的生活過得很好。[8] 在那座城裡，破紀錄的有十萬人歸主。禱告就是關鍵。

當我主持前線佈道教室（Field School of Evangelism）時，我們的教友們為生靈禱告。我們鼓勵他們行走禱告。我們教導代禱者如何提高禱告的效率。我們要求所有參與的教會必須有一定比例的教友參與本書第 13 章討論的三項禱告事工之一。我們要求他們在佈道會開始前三個月，要提出所有非基督徒朋友或教會慕道友的名單，這樣我們就可以開始按名字為他們的需要禱告。當佈道會的時間到來時，禱告與探訪小組為坐在已分配小組之中的人們禱告。我們會定期開會，為那些表現出極大興趣，或仍然為決志而掙扎的人禱告。在人們做出重要的決定——例如接受耶穌為他們的救主，遵守安息日或放棄成癮或不潔的食物之後的第二天晚上或早晨，我們會舉行特別的禱告會。當他們決定要接受洗禮的那一刻，我們會特別為他們禱告，因為我們知道這些生靈的敵人將竭盡全力阻撓他們。

沒有大量的禱告，佈道會的工作根本無法進行。但是藉著禱告，相信上帝的能力和恩典，它往往將促成更多認罪和順服，且比預期得要多更多。

約翰‧海德與佈道

在為失喪者禱告方面，約翰‧海德（John Hyde）是一位真正的執行者。作為一名前往印度的宣教士，他有聽力障礙，這使他很難學習一種新的語言。他被分配到今天的印度和巴基斯坦之間的旁遮普邦（Punjab）地區工作。該地區對宣教士而言一直是非常具有挑戰性的。海德開始為那裡的失喪者認真地禱告，但過了十二年，他才看到禱告的成果。1899 年，他花了整夜禱告，他覺得禱告是在印度取得成果的唯一希望。1904 年，他和其他人成立了旁遮普邦禱告聯盟。每個成員都被問到以下的五個問題：

1. 你是否為（聖靈）在你的生命、你同工的生命和教會中的（聖靈的）甦醒而禱告？

2. 你是否渴望聖靈在你的生活和工作中發揮更大的力量？並且你是否確信沒有這種力量就無法繼續前進？

3. 你是否願意為自己不以耶穌為恥而祈禱？

4. 你是否相信禱告是確保靈命覺醒的重要方法？

5. 你是否願意在每天中午之後儘快安排半個小時的時間來為這樣的覺醒禱告，並願意祈禱直到覺醒的到來？[9]

　　那些禱告領袖於當年稍後在錫亞爾科特（Sialkot）舉辦了一場佈道會。宣教士們和當地牧師們都到了。海德和另外兩個人在佈道會開始之前花了三十天時間禱告。許多人在佈道會期間將生命完全獻給了上帝。「過去一百年來，上帝在巴基斯坦和印度北部所做的許多事情都可以追溯到最初的《錫亞爾科特佈道會》和《約翰·海德》。」[10] 從 1904 年到 1909 年，旁遮普邦的基督徒人數從 37,695 人，增加了 4 倍至 163,994 人。在此十年中，印度的基督徒人口增長了69.9%，是印度教社區的 16 倍。[11]

　　當時的國際佈道家查普曼博士（Chapman）承認，他不知道什麼是真正的禱告，直到他與約翰·海德（John Hyde）一起禱告。海德在佈道會期間邀請他去禱告室。查普曼對此並不感到興奮，因為他整晚都在旅途上，感到非常疲憊。當時有幾個人在禱告室。他說：「我跪下來，有一種奇怪的感覺湧上心頭。有幾個人在禱告，然後海德開始禱告，我幾乎不記得他說什麼。我知道我來到上帝的面前，我不希望離開這個地方。事實上，我沒有意識到自己或周圍環境，因為我已經進入了一個新的世界，我想留在那裡。」他們在那裡待了幾個小時，連飯都忘了吃。他的疲憊沒了，對當天稍後的證道該說什麼的擔憂也消失了。他們從早上 8 點禱告直到下午 3 點半！

　　查普曼博士被安排在下午 4 點講道。約翰·海德將他帶到講台上，向他保證一切都會順利，並承諾在他講道時再回到禱告室為他禱告。查普曼博士回憶說，當他們分開時，他感到有一種類似電擊

的東西穿過他。他回憶說：「儘管我是透過翻譯講的道，但講的過程非常順利。」主以這樣的方式與講者同在，以致於安排的印度翻譯「被上帝的靈壓制」，因此另一位翻譯不得不取代他！查普曼總結說：「我知道那天晚上主說話了。祂對我說話，並與許多人說話。當時我才意識到禱告的力量。我常常讀到禱告帶來賜福的文章，但那天晚上我徹底體會禱告的力量，每當我站起來傳達祂的信息時，我都會盡力爭取禱告勇士為我禱告。」[12]

約翰‧海德從 1908 年開始，親自每日為一位生靈的歸主而禱告。那一年，因為禱告帶來的直接結果，有 400 多人歸主。次年，他祈禱每天能有兩位生靈歸主，後來有 8 百多人成為基督徒。在 1910 年，他祈禱每天有四位生靈歸主。耶和華也應允了這個要求！

每個人都開始稱這位宣教士為「祈禱的海德」。海德在 1911 年去世，但在他為失喪者祈禱時，他改變了成千上萬的人們——現在是數百萬人的生活。謝恩‧派特森（M' Cheyne Paterson）曾與海德共事，他說：「我從未遇見過一個人，他的存在似乎能幫助弱者變得強壯，幫助罪人悔改，使犯錯的人如約翰‧海德一樣走在正路上。」[13]

禱告必須成為方向和中心——我們任何計畫的策略核心。但當涉及佈道，禱告必須成為我們呼吸的空氣。

小組討論或個人思考

1　你對柯榮恩博士在佈道會時遭遇被鬼附身的女人的經歷有何看法？你認為這是否很普遍？

2　你如何看待撒但討厭佈道會的觀點？在西非的見證中，有什麼證據似乎能支持這種觀點？

3　教會舉行公眾佈道時，是否應為特定數量的受洗人數禱告？為什麼或者為什麼不？

4　你對查爾斯‧芬尼的佈道工作和納許的代禱有何看法？

5　回顧約翰‧海德的禱告對印度的影響。他是禱告勇士的特殊例子嗎？

6　教會要如何做才能像約翰‧海德一樣分擔救贖他人的重擔？

註釋

1. 欲知更多資訊，請至 ShareHim 網站：https：//sharehim.org/php/index.php。ShareHim 組織在第三世界國家協調了為期 17 晚的公開佈道會，在這些國家，復臨教會在救靈方面有很強的能力，而且在這些國家，平信徒也以全副身心投入、直接參與傳福音。它吸引了來自第一世界國家的團體，這些國家的教會已經建立，但參與傳福音的熱情已經減弱。這乃是一個雙贏的局面——來自已開發國家的人受益於見證和參與為基督帶來許多人的大能工作，而來自發展中國家的人則受益於他們的國際組織較為豐富的資源和服務意願。

2. 懷愛倫，《使徒行述》（華盛頓特區：評閱宣報®，1911），67 頁。

3. 懷愛倫，同上，67、68 頁。

4. 在南方大學，我是傳道學校的協調人並傳道與世界宣教學院的主任。在安得烈大學，我是北美區會佈道學院的主任，與學院的同事一起負責教導所有獲得神學碩士學位的牧師如何進行有效的佈道，我們在全國各地都這樣做。請參閱使命中斷 NAD 佈道網站 https：//www.nadei.org/。佈道學院是一個分會的組織，擁有多名具博士學位的教授，他們協助神學院完成教導牧師傳福音的工作。他們的專長是公共和個人佈道、宣教小組、賦予平信徒宣教權力、教會增長、護教學和植堂。迄今為止，我在亞洲舉辦過三期佈道學校課程，每期六到十個月（東京、烏蘭巴托、香港），其中也包括在沖繩和台灣舉行的其他佈道會。

5. 這個被稱為 NET11（因為它於 2011 年 10 月完成）的佈道計劃長達 13 個月，展示了多管齊下的方法。超過 700 間教會報名參加該計劃。我們針對個人佈道、禱告佈道、宣教小組、平信徒查經、公共佈道的事工以及能夠培養新信徒的屬靈導師進行了教友的佈道培訓。我們要求所有教會都參與社區服務和事工。我們還專注於教友的屬靈成長，在周末和為期一週的培靈會上強調耶穌和聖靈的公義。此外，我們還舉行了兩次為期五晚的大型收割前聚會。一次是我（牧師神學家）和一位微生物學家負責，研究創造和進化的主題。另一次是由我和一位訓練有素的聖經考古學家負責。這些佈道會旨在引起世俗人士對聖經的興趣。最後，我們舉行了為期 28 晚的系列佈道會，名為「預言解密」。我們為所有的教會製作了 DVD 和資料，並贈送了許多書刊和聖經。在那一年，主對整個分會的所屬地區都產生了十分重大的影響。

6. 在東京，我們知道事工會很艱難，但我一直祈禱至少能有 10 個人受洗。這似乎是不可能的，因為我們平均只有 13 名非教友參加聚會，其中 4 人沒有任何基督教背景。但在長達數月的佈道學校和 24 場佈道系列活動結束後，有 10 個人決定跟隨耶穌並受洗。在蒙古，我們知道我們會有更多人受洗，但有強大的力量反對我們的佈道會，包括許多與靈媒有聯繫的與會者。我為 70 人祈禱。在聚會結束前一周，我們只有為 27 人施洗，要達到 70 人似乎是不可能的。但我們一直在祈禱。到最後一天，共有 73 人加入了教會——70 人受洗，3 人認信。在沖繩，區會會長想建立一個講西班牙語的小教會，因為島上有

一些講西班牙語的人。然而，說西班牙語的人士並沒有定期赴會，但反倒出現了兩名日本女性。所以我們提供了西班牙語到日語的同步傳譯。最後她們兩人都受洗。在香港，我禱告能有 50 人，但受洗的只有 48 人。然而，僅僅幾週後，又有幾個人受了洗。

7. 參閱克里斯多弗 E. 索倫森，〈宣教策略中的祈禱〉，《贏得人心：帶領佛教徒對上帝的信仰》，葛戈里和艾美‧惠特斯特編（馬里蘭州銀泉：基督復臨安息日會全球總會，2016），205 頁。

8. 艾迪 L. 海特，《靈恩基督教 2000 年》（佛羅里達州瑪莉湖：Charisma House，2002），127、128 頁。另見 J 保羅‧雷諾，《大有影響力的祈禱王子》（丹尼爾納許），希望信仰禱告（Hope Faith Prayer），https://www.hopefaithprayer.com/prayernew/prevailing-prince-prayer-daniel-nash/。

9. 韋斯利‧L‧杜威爾，《復興之火》（密西根州大急流城：Zondervan，1995），223、224 頁。

10. 摘自「復興與教會歷史：錫亞爾科特大會—約翰‧海德」，《證道索引》，2010 年 12 月 31 日，http://www.sermonindex.net/modules/newbb/viewtopic_pdf.php?topic_id=36798& forum=40。

11. 杜威爾，《復興之火》，227 頁。

12. J. 派沃恩‧瓊斯，〈榮耀的工具〉，摘自《祈禱海德：祈禱的使徒》，E. G. Carré 編（新澤西州北布倫瑞克：Bridge-Logos，1999），54-56 頁。

13. R. 麥契尼‧派特森，〈捕捉生命的偉大漁夫〉，摘自《祈禱海德：祈禱的使徒》，E. G. Carré 編，111 頁。

IN THE NAME

Power to Pray for
People and Places   OF JESUS

第 17 章

禱告的殿

　　神學院教授喬瑟夫・基德（S. Joseph Kidder）在他有關成長的屬靈教會之研究中，特別**針對禱告概述了三種類型的復臨教會**：第一種是**不禱告的教會**；這是一個不認真看待禱告的教會，只將禱告限制在聚會的開始和結束、委員會會議和週三的禱告聚會。他們這樣禱告，因為那是教派的歷史沿革所期望的。第二個教會是**有禱告的教會**；這個教會認為禱告很重要，因此設立一個禱告事工並為其分配禱告勇士。問題是全體會眾仍然對禱告一事沒有急迫感。第三個教會是**禱告的殿——是一個以禱告為中心的教會**。這個教會懇切地、始終如一地向上帝委身，並尋求聖靈的引導。這個教會真正地成為了「禱告的殿」。[1]

確切地說，什麼是「禱告的殿」？這個詞在〈以賽亞書〉56章7節中出現兩次，耶穌在〈馬太福音〉21章13節及〈馬可福音〉11章17節中也重複了這個詞。〈以賽亞書〉的上下文充滿了期待和希望。耶和華宣告說：「因我的救恩臨近，我的公義將要顯現。」（以賽亞書56：1）然後，上帝稱安息日為即將來臨的大福，有兩類人將受到最大的影響：曾經被猶太人認為無法得救的外邦人和太監（3–6節）。「我必領他們到我的聖山，使他們在禱告我的殿中喜樂。他們的燔祭和平安祭，在我壇上必蒙悅納，因我的殿必稱為萬民禱告的殿。」（7節）上帝說祂的殿是代禱的地方。在舊約時代，祭司為人民代禱。今天，我們的大祭司耶穌基督正在與祂的教會，所有信徒的祭司一同為世界祈禱（希伯來書7：25；彼得前書2：9；啟示錄1：6；5：10）。換句話說，在上帝的心中，祂的教會主要是為失喪者代禱的殿，即使他們被認為是離上帝最遠的人。

實際上，未來的復臨教會將與基督教時代的第一世紀教會相似。我們如何知道這一點？懷愛倫已對此有所預言。她寫道，在第三位天使的最後警告下，宣教工作在世界上的影響將與五旬節那天的影響相似。聖靈將使上帝的能力像在早期一樣，彰顯在「大呼聲中，[2] 教會……將使救恩的知識如此廣泛地傳播，以至世界上的每一個城鎮都會得到光明。」[3] 在基督復臨之前，復臨教會給予世界的最後憐憫信息將是「祂愛的品格的啟示」。[4] 那會是什麼景象呢？

上帝的僕人，他們的面孔被照亮，聖潔地奉獻出來，便會四處奔波，傳揚來自天上的信息。全世界將有成千上萬的聲音發出警告。信徒將創造奇蹟、病人將得到醫治、兆頭和奇事將隨之而來⋯⋯

⋯⋯儘管有反對真理的機構，但仍有很多人將站在主的立場上。[5]

想想看：基督無與倫比的愛、聖靈的能力、信徒之間的聖潔奉獻、使徒時代的奇蹟，以及對世界發出強而有力的最後警告，呼籲他們加入上帝的末世教會，促使許多人回應呼籲並與上帝和好（哥林多後書 5：20）。你是否認為在不久的將來，教會的禱告，無論是私人的還是團體的，都與這種事態發展有關呢？

在悲慘的時期中──猶大國被圍困、許多人被俘虜到巴比倫，上帝的子民對未來失去了希望──上帝對先知耶利米許諾了復興的希望。耶利米說：「成就的是耶和華，造作、為要建立的也是耶和華；耶和華是祂的名。祂如此說：『你求告我，我就應允你，並將你所不知道、又大又難的事指示你。』」（耶利米書 33：2、3）請注意此處的兩件事：首先，上帝強調創造的行為──宇宙歷史上最驚人的壯舉──是因為祂的名字。祂是力量。祂可以做到別人做不到的事情！其次，根據祂無所不能的名字，讓我們懇求祂，期望祂應允我們！

在本書開頭，我建議禱告不僅是我們教會中、許多外展策略計畫的附加工具，**禱告必須成為基本的策略**。就像在印度的傳教士約翰・海德（John Hyde）一樣，我們應該不斷地向上帝祈求，強調一個垂死世界的需要——需要上帝的心採取行動。這並不是說祂不願意採取行動——不，祂很樂意！而是因為善惡之爭需要我們的介入，在我們的大祭司耶穌面前請願，以便祂可以在道德基礎上行動，而不僅僅是基於祂的權力。

因此，如果禱告成為策略，那麼一個有一百名教友的教會在禱告事工上會是什麼樣子？

小型教會的祈禱

首先，在小教會中的禱告必須從牧師或平信徒領袖開始。這位領袖必須培養真正的個人禱告生活，使他戰勝罪惡的綑綁、對人產生深切的愛，並對上帝的大能有絕對的信心。因此，領導者必須是一位真正的、不斷成長的基督徒，而不僅僅是一位優秀的復臨信徒。如果在那間小教會不可能出現這種情況，那麼教會中的代禱者必須成為催化劑，促使領袖實現所需要的改變，或是讓具有這些特徵的新領袖到來。如果該領袖已婚，他／她必須有一個對自己和教會的屬靈成長同樣感興趣的配偶。這點很重要。如果配偶與委身的領袖不站在同一個陣線，撒但可能會利用該配偶作為敵後的人員來攻擊屬靈的領袖或他／她的祈求。

其次，教會必須建立一支代禱團隊。也許教會規模太小而無法培養如本書所說的禱告勇士，但至少要有忠實的代禱者。在小型教會裡，代禱者的事工並不僅限於祈禱。他們必須將其擴展到帶領。這些代禱者至少其中一些應有相當大的自由度來影響教會。他們必須是引導教會實行禱告的人！在小型教會中，牧養和領導不見得隨時可得，甚至很可能每週只有一次。因此，這些代禱者必須承擔很大的角色。顯然，重要的是，至少其中一些代禱者不僅要有祈禱的恩賜，而且還要有行政和領導的恩賜（彼得前書 4：7–10）。

第三，老實說，我認為小型教會的主要目標應該是培養信心的生活。只有上帝可以移山，但是我們對上帝的信心可以移動祂的

手！各種類型和規模的教會都應優先考慮信心的生活，尤其是小型教會。原因很簡單：小型教會已經知道他們的資源、才幹、人員和推廣機會有限。他們很容易說：「我們做不到。如果我們有更多的教友或更多的年輕人，或者更多的錢，也許可以，但我們沒有。」這正是生靈之敵要我們陷於困境的地方：「我們做不到！」小教會需要學會補充說：「但是上帝可以！」這種信心來自祈禱和對上帝聖言的研究（羅馬書 10：13）。

當然，第四點不言而喻，應該在教會裡組織一些行走禱告隊，為他們的社區祈求。如果安息日上午的出席人數為 60 人，為什麼不嘗試至少有四支隊伍呢？越多越好。

我可以想到許多其他的禱告策略，可以加強一間小教會的力量，但是如果教友們認真對待這四個方面，他們很快就會看到顯著的成果，甚至可以教導更大的教會體驗活在聖靈旗幟下的感受。

中型教會的祈禱

那中型教會呢？出於定義的目的，我們可以說中型教會的教友名冊人數在 250 到 400 之間。大多數的教會成長專家表示，對教會真正的成長並開始在社區中開展重要事工來說，這是十分理想的規模。

　　在世界的某些地區，如此規模的教會將分配一位牧師，而他無須負責其他的教會。在許多復臨教會的情境中，牧師會在該地區負責其他幾間較小的教堂，但是這一間教堂很可能是「母堂」或主要教堂，也是他（她）的事工精力集中的地方。在較少的情況下，牧師可能只負責這間教會，甚至還有一位副牧者來協助。我寫的關於小教會和領袖的內容同樣適用於這種情況，但有一個額外的警告：代禱者必須特別為牧師的家庭禱告。

　　當我在美國加州牧養一所教堂時，我非常榮幸地有七名教友每天專門為我、我的妻子和我們的三個孩子代禱。這個事工比大多數人可能意識到的更為重要。由於這樣規模的教會擁有大量的資源和人員，能夠對社區產生重大的影響並促進屬靈的成長，因此，魔鬼會特別針對教會的領袖，期望滲透並損害教會甚至社區的利益。就我而言，我主動選擇了這七個代禱者，問他們是否願意擔任這一職務。他們都願意，並且很快地我就能看出他們的禱告在我的生活、事奉和家庭中所帶來的不同。

　　有一次，我不堪重負，挫敗感侵擾了我好幾個星期。即使我一直花時間與上帝交流，有些事情還是不太對勁。在一次教會的山區退修會中，我和五名男性教友一起住在一個小屋裡。有一天晚上，我們跪圍成一圈一起祈禱，知道我們是朋友，對彼此有充分的信心，我承認自己有一種奇怪的重擔，似乎無法擺脫，也無法脫離困境。

我想說出內心的疑惑，是否一些代禱者已停止為我的家人和我祈禱。那天，七個代禱者中的兩個後來向我承認，他們沒有按照他們所說的那樣禱告。後來他們保證會忠實。幾天後，我可以再次看出他們禱告所帶來的變化。

除了行走禱告隊和代禱者之外，這種具有規模的教會還應擁有禱告勇士，請參閱本書第 13 章關於禱告勇士的內容，以及禱告事工如何提高到代禱者和行走禱告者的職分之上。此外，這種規模的教會應認真考慮在附近社區建立一個或多個教會。此等教會規模是有效事奉的理想之選。規模變得更大往往會降低事工的有效性和贏得人心的結果，儘管並非總是如此。[6] 因此，當中型教會不斷發展時，就需要建立新的教會。要為這些計畫進行大量的禱告：主堂的建立，

核心的植堂團隊，建立新教堂的策略和時間表、特定地點和事工目標、社區外展策略，以及植堂團隊的培訓期。[7]

　　對中型教會的最後一個建議是不時參加禁食禱告週末活動。關於如何計畫的良好範例記載在本書第 14 章。請確保你有明確具體的目標，說明你為什麼希望會眾參與這樣的屬靈活動。當教會、社區甚至整個國家面臨重大威脅或挑戰（例如新型冠狀病毒的挑戰）時，或者當許多教友的生活經歷深刻的復興時，當會眾需要做出可能影響他們未來數年的重大決策時，進行禁食和祈禱似乎最合適。

大型教會的祈禱

　　大型教會的規模會隨當地的環境而不同。在巴西或韓國的大型教會可能有 1000 多名教友，而在日本或法國，則可能有 250 名教友。在這裡，我指的是一般由 750 名或更多教友及多名牧師組成的教堂。很多時候，大型教會都與諸如醫院或大學之類的復臨機構有關。一個專注於禱告的大型教會是什麼樣的呢？

　　同樣，關於小型教會的方法也適用於大型教會。從牧師的領導到行走禱告隊，再到代禱者和禱告勇士、再到植堂以及禁食禱告週末活動，一切都適用。但是，大型教會還有一個需要特別注意的方面，那就是佈道。

通常在大教會有許多不同的事工，所以佈道往往是次要的。我們經常把絕妙的安息日學課程、活力十足的媒體事工、運作良好的前鋒會計畫、教會贊助的復臨學校、甚至與社區活動的往來或對其提供的支持，都視為彌補了直接傳福音的不足。但事實並非如此。大教會每年往往都會（或應該）有大規模的洗禮，這個事實掩蓋了這個問題。當然，其中許多是復臨信徒的子女受洗歸主。但是，成人歸主的人數相對較少。牧師和平信徒領袖普遍認為，去組織一個精心策畫的佈道行動，其目的是為了舉行一場公眾的佈道，這樣的事對已參與許多其他事工的教會來說，實在是增加了太多負擔。此外，儘管教會很大，但熱衷參與的教友比例相對較小，而且他們往往是同一批人。

這時祈禱就能起作用了。這種大型教會已經制度化。教友已經失去了對非信徒的個人使命感（例如在復臨教會醫院工作之外），無論如何，他們覺得已經在教會做了很多事情。教會需要改變。教會的文化需要改變。它需要從一個專注於良好的節目編排、出色的音樂、優秀的安息日學教師和其他事工，轉變為一個以外展為重點的教會，將失喪的人放在第一位。這不是一個容易的轉變。這需要教會和更多的代禱者持續不斷地禱告，教會需要真正成為「禱告的殿」。

　　在大型教會中，一個非常重要的附加禱告事工是每天的集體禱告。這項禱告事工必須成為三個關鍵群體的優先事項：牧師、長老以及教會的代禱者和禱告勇士。如果這三個群體中的任何一個對這個日常禱告計畫只給予默默支持，那麼它將只是一個計畫，很快就會變得陳舊而無關緊要。每天的集體禱告可以在清晨、午餐或晚上進行，但它應該是每天或至少在一週內進行多次。

　　當我參觀中國最大的復臨教堂（約 7 千名教友）時，我的第一印象就是他們非常致力於每天的晨禱。他們從凌晨四點開始。當我到達時，已經是八點鐘了，大約還有十二個人在祈禱！請記住，在中國，地方當局在大多數教堂附近都設有攝影機以監視其活動。在這座教堂裡，教堂裡裡外外就有十幾個攝影機。但是，任何人都可以監看他們祈禱的事實並沒有使教友知難而退。

　　當這群人（例如，12 到 30 個人）聚集祈禱，這不是敘述教友們的代禱事項或提及所有患病者的時候。那是在另一個時間另作安排。現在是進行策略性禱告的時候。禱告目標應該清楚地表達，並列印出來張貼在禱告室裡，讓所有人都能看到。如果能以量化的方式表達，那就再好不過！如此一來就更容易知道上帝何時真正回應了這些祈求。必須將主要目標擺在禱告小組面前，每個目標都應包括《聖經》的應許、有關該問題的數據以及懷愛倫著作中的相關研究。這是教會的**協商核心小組**。這些人將奉耶穌的名以堅定的勇氣來搖動上帝的手！

　　你可能很想知道，為什麼我對傳統的週間禱告聚會沒有多作說明。現在讓我告訴你。在越來越多的復臨教會中，傳統的禱告聚會已經不復存在。或是由同樣的一群人，極少數的一群人，通常是老年人，周而復始地參加。年輕人不會被吸引，許多老年人也不會。原因是管理不善和缺乏重點。對此，懷愛倫也有話要說。[8] 當禱告聚會只是又一場缺乏生命和意義的例行性聚會時，牧師帶領禱告聚會只是為了滿足一些不成文的、對於教會應做之事的期望。在禱告聚會中，講道的時間往往多於禱告，這原不該是如此的。傳統的禱告聚會並沒有任何神聖不可侵犯之處，就像每個安息日講道一樣（懷愛倫說，教友們不應期待在每個安息日都有講道，但他們應該準備好在每個安息日作見證，來分享關於上帝的良善）。[9]

　　在復臨教會的背景下，威廉・米勒（William Miller）帶領的教徒發起了禱告聚會。他們經歷了對上帝聖言的深入學習，決心定期花時間一起禱告。換句話說，禱告聚會是屬靈經驗不斷深化的成果。集體禱告在某種程度上需要透過有意義的個人禱告經驗來推動。集體禱告不能代替私人禱告，儘管上帝可能會使用它來激發對私人禱告的新信念。重點是：有意義的禱告參與才是最重要的。如果這能發生在週間的禱告聚會上面，那麼讚美主！無論如何，請不要停止聚會。但是有時候，如果舊的模式不再有效，那麼教會就需要新的參與模式和場所。耶穌自己也說過這樣的話話（路加福音 5：36-38）。

復臨機構的禱告

我不想錯過復臨教會的機構，這是復臨信徒生活的關鍵部分。醫院、出版社、寄宿中學或大學等復臨機構都有自己的文化。有才華和受過良好教育的復臨信徒往往會聚集在這類的機構中。我們都知道這與報酬無關，這是信徒為教會工作而做出犧牲的一部分。一般來說，復臨信徒的工作者在這些地方都負責多項工作，幾乎沒有時間做其他事情。當然，屬靈發展是受到鼓勵的，但他們並不像當地教會那樣被召集起來。那麼，復臨機構可以進行有意義的禱告事工嗎？

最容易實現的地方是教育機構。原因在於學生。由於學生正接受培養，而我們的主要責任是他們的靈性發展，所以禱告聚會，禁食和禱告經歷和學生的禱告計畫是整體教育目標的自然組成部分。本書中提到的許多實際事例都可能實行。通常不太會實施的是行走禱告。但是，如果有人能幫助他們看見這樣的異象並組織起來，那麼行走禱告團隊就可以自然地從年輕人及他們的朋友開始做起。

行走禱告也適用於其他復臨教會機構。使用部分的午餐時間似乎也可以產生很好的效果。另一種選擇是在中午之前（在行政人員的領導和鼓勵下）進行策略性的祈禱時間。正如我先前提過的，我們在北亞太分會的每個工作日都會這麼做。

　　例如，在復臨教會醫院中，可以在同事之間組織代禱小組。在院牧部的領導下，可以鼓勵代禱小組為迫切的需要祈禱。如果定期能從許多這樣的代禱小組中得到關於人因上帝的干預而得醫治的見證，那豈不是太奇妙了嗎？這難道不是復臨醫院的特色嗎？你覺得在醫院禮堂中定期展示神奇的治癒見證的構想如何？這表明禱告是該機構事工的中心特徵。

　　關鍵是要讓一些擁有自我激勵心態的人主動參加禱告的事工，或是讓機構領袖了解到它的異象進而參與，並鼓勵員工也共同參與。如果發生後者的情況，進展將會更快，而且更有可能產生好的成果。如果領導階層沒有理解到這樣的異象，那麼聖靈需要更長的時間才能克服主要的障礙。

改變是可能的，因上帝垂聽我們的禱告

　　你是否聽過一位復臨教會的女教友為電話簿上的名字祈禱的故事？故事是這樣的：一個名叫諾亞的人和他的朋友開始在美國的復臨教會參加佈道會。他們倆都看到了一個宣傳佈道會的招牌，並在酒吧喝酒時談論了這件事情。這兩個人都喜歡神祕主義的學說，但不知為什麼，他們的心中產生了一種想更了解《聖經》和末日議題的興趣。

　　藉著在佈道會中研究《聖經》，聖靈帶領這兩個人悔改歸主。在佈道會結束時，兩人都受了洗禮，當天還有十五人受洗。洗禮後，一位教友向他們介紹自己是福特姐妹，她歡迎他們加入教會，並為他們的決定表示非常高興。然後，她告訴他們一些他們意想不到的事情：「我一直在為你禱告。」諾亞和他的朋友以前從未見過這個婦女。她怎麼可能為他們禱告？原來，幾個月前，福特姐妹受聖靈指引，為她鎮上的人們禱告。她不知道到底應該為誰禱告。就拿起電話簿，隨機選擇了十五個名字，每天為他們能認識耶穌獻上禱告。事實證明，諾亞就在這十五人名單之列！實際上，在那個安息日受洗的十七個人中，有八個人都在福特姐妹的名單上！佔了整個莊稼收成的一半！[10]

　　向垂死的世界傳福音對復臨教會來說，是一項艱鉅的使命。以我們現有的資源是無法做到的，我猜我們永遠不會有足夠的資源——人力、金錢或與生俱來的動力來做這件事。但是，禱告是這使命球場中的一壘，如果我們希望跑過所有的壘包並到達本壘，這就是我們首先要做並且始終要做的事情。我們必須非常認真地看待在教堂裡禱告。我們必須相信上帝會以祂的憐憫和智慧來回應禱告！

　　在懷愛倫的《傳道良助》一書中，最後一章的題目為「服務的報償」，提到許多人在天國會看到其他得救的人來找他們，感謝他們成為上帝手中帶領他們歸向耶穌的工具。我可以想像，在為生靈

代禱的情況下，天使指引我們為某人禱告。他們和我們也許在世上都不認識，但是天使解釋說：

「還記得你和你的小組為社區祈禱了多少年嗎？這對夫婦今天在這裡就是因為這些禱告。耶穌——你們的君王和大祭司，指望藉著你的禱告而擁有正當的理由為他們代求，儘管花了一段時間，他們經歷了嚴峻的考驗，但他們還是獻上了自己的心給主。撒但一直對主說：『你不能赦免他們的罪過，他們並沒有要求你這樣做！』但是耶穌會說：『我可以赦免他們的罪過，因為我有忠心的僕人為他們代求，而且我已經用我的血在十字架上為他們付上代價。』他們今天要感謝你的忠心！」

正因為有懇切而忠心的教友，為失喪的人向天父代求，許多美好的事情才接踵而來。記住早期教會的經驗：「**在聖靈降臨之後，門徒們對耶穌和祂所愛的人充滿愛心，以至於他們的言語和所提供的祈禱使他們的心融化了**。因門徒們在聖靈力量影響下所說的話，成千上萬的人悔改了。」[11]

他們的祈禱使人的心融化，成千上萬的人悔改了。這樣的情景可以重現！靠著上帝的恩典，它會再次發生！

就讓我們一起，從今天開始祈禱吧！

小組討論或個人思考

1 懷愛倫預測教會將如何在末世執行其使命？

2 描述小型教會在禱告事工上可以經歷的事情。

3 描述中型教會在禱告事工上可以經歷的事情。

4 你對專門為牧師及其家人禱告的小組有何看法？這會對教友有什麼幫助？

5 哪些禱告事工可以成為大型教會聖工的一部分？這些會對其他人產生什麼影響？

6 復臨機構可能實施哪些祈禱生活？

7 你所屬的教會或機構需要多少禱告？你個人將如何實踐？

註釋

1. 喬瑟夫・基德（S. Joseph Kidder），《教會復興的四個關鍵密碼》（馬里蘭州黑格斯敦：評閱宣報®，2011 年），94-96 頁。

2. 在懷愛倫的著作中，「大呼聲」是指啟示錄 18：1-4 的天使在聖靈的力量中宣告「從巴比倫出來」和加入上帝的餘民教會。來自第四位天使的信息（啟示錄 18 章）是要加入並擴大啟示錄 14：6-12 中三位天使的信息。參見諾門・R. 格里，《懷愛倫百科全書》中的「大聲呼喊」。丹尼斯・佛汀和傑瑞・沭恩（馬里蘭州黑格斯敦；評閱宣報®，2013 年），950、951 頁。

3. 懷愛倫，〈末時的工〉，《復臨評閱安息日宣報》，1904 年 10 月 13 日，第 7 頁。

4. 懷愛倫，《基督比喻實訓》（密西根州戰溪：評閱宣報®，1900），415 頁。

5. 懷愛倫，《善惡之爭》（華盛頓特區：評閱宣報®，1911），612 頁。

6. 一般來說，懷愛倫建議不要加入大型教會。她為此給出了許多原因，例如「教友（做）相對無事」並且因未參與事工而在靈性上死去（《教會證言》，卷 8，加州山景城：太平洋出版社®，1948，244 頁）；他們變得「對靈魂得救沒有什麼興趣」（《教會證言》，卷 6，加州山景城：太平洋出版社®，1901，424 頁）；並且很容易將其他教友視為「法利賽人般的陌生人」，因為教會規模是如此之大（教會證言，卷 3，加州山景城：太平洋出版社®，1948，197 頁）。

7. 所有這些項目都是典型的、經過深思熟慮的植堂計劃。「孵化」期是指核心植堂團隊在開始與新植堂地區正式會面之前，在計畫、祈禱、學習和接觸社區所花費的時間。如果您想了解更多關於如何為宣教目標植堂的資訊，請查閱 Tom L. Evans，《植堂步驟：從開始到啟動》（密西根州貝林泉：NAD 佈道機構，2011）；和 Aubrey Malphurs，《為 21 世紀培育成長中的教會：綜合指南》第 3 版（密西根州大急流城：貝克，2004）。

8. 「禱告聚會應該是最有趣的聚會，但這些聚會經常管理不善。許多人參加講道，卻忽略了禱告聚會。在這一點上，著實需要思考。」《教會證言》卷 4（加州山景城：太平洋出版社®，1948），70 頁。她還寫道，在禱告聚會上「應該摒棄拘謹和冷漠」。《教會證言》卷 2（加州山景城：太平洋出版社®，1948），578 頁。

9. 見《教會證言》，卷 7（加州山景城：太平洋出版社®，1948），18、19 頁。

10. 我首次聽 Robert Folkenberg Sr. 講述這個見證是在 2006 年，當時他是 ShareHim 的領袖。

11. 懷愛倫，《使徒行述》（華盛頓特區：評閱宣報®，1911），22 頁；強調補充。

IN THE NAME
Power to Pray for　OF JESUS
People and Places

附錄 A

《聖經》中關於祈禱的應許和《預言之靈》名句補充

上帝樂意應允禱告

1. 歷代志下 7：14。「這稱為我名下的子民，若是自卑、禱告，尋求我的面，轉離他們的惡行，我必從天上垂聽，赦免他們的罪，醫治他們的地。」

2. 詩篇 116：1、2。「我愛耶和華，因為祂聽了我的聲音和我的懇求。祂既向我側耳，我一生要求告祂。」

3. 以賽亞書 65：24。「他們尚未求告，我就應允；正說話的時候，我就垂聽。」

4 耶利米書 33：2、3。「成就的是耶和華，造作、為要建立的也是耶和華；耶和華是祂的名。祂如此說：你求告我，我就應允你，並將你所不知道、又大又難的事指示你。」

5 馬太福音 7：7、8。「你們祈求，就給你們；尋找，就尋見；叩門，就給你們開門。因為凡祈求的，就得著；尋找的，就尋見；叩門的，就給他開門。」

6 希伯來書 4：15、16。「因我們的大祭司並非不能體恤我們的軟弱。他也曾凡事受過試探與我們一樣，只是他沒有犯罪。所以，我們只管坦然無懼的來到施恩的寶座前，為要得憐恤，蒙恩惠，作隨時的幫助。」

7 約翰壹書 1：9。「我們若認自己的罪，上帝是信實的，是公義的，必要赦免我們的罪，洗淨我們一切的不義。」

奉耶穌的名，無論你求什麼

1 馬太福音 18：19、20。「我又告訴你們，若是你們中間有兩個人在地上同心合意的求什麼事，我在天上的父必為他們成全。因為無論在哪裡，有兩三個人奉我的名聚會，那裡就有我在他們中間。」

2 馬可福音 11：24。「所以我告訴你們，凡你們禱告祈求的，無論是什麼，只要信是得著的，就必得著。」

3 約翰福音 14：12-14。「我實實在在的告訴你們，我所做的事，信我的人也要做，並且要做比這更大的事，因為我往父那裡去。你們奉我的名無論求什麼，我必成就，叫父因兒子得榮耀。你們若奉我的名求什麼，我必成就。」

4 約翰福音 15：16。「不是你們揀選了我，是我揀選了你們，並且分派你們去結果子，叫你們的果子常存，使你們奉我的名，無論向父求什麼，祂就賜給你們。」

5 約翰福音 16：23。「到那日，你們什麼也就不問我了。我實實在在的告訴你們，你們若向父求什麼，祂必因我的名賜給你們。」

6 使徒行傳 3：1、2，6，8。「申初禱告的時候，彼得、約翰上聖殿去。有一個人，生來是瘸腿的，天天被人抬來，放在殿的一個門口（那門名叫美門），要求進殿的人賙濟。彼得說：『金銀我都沒有，只把我所有的給你：我奉拿撒勒人耶穌基督的名，叫你起來行走！』就跳起來，站著，又行走，同他們進了殿，走著，跳著，讚美上帝。」

7 羅馬書 10︰13。「因為『凡求告主名的，就必得救』」。

8 雅各書 5︰13–15。「你們中間有受苦的呢，他就該禱告；有喜樂的呢，他就該歌頌。你們中間有病了的呢，他就該請教會的長老來；他們可以奉主的名用油抹他，為他禱告。出於信心的祈禱要救那病人，主必叫他起來；他若犯了罪，也必蒙赦免。」

9 約翰壹書 5︰14–16。「我們若照祂的旨意求什麼，祂就聽我們，這是我們向祂所存坦然無懼的心。既然知道祂聽我們一切所求的，就知道我們所求於祂的，無不得著。人若看見弟兄犯了不至於死的罪，就當為他祈求，上帝必將生命賜給他；有至於死的罪，我不說當為這罪祈求。」

禱告、毅力和信心

1 馬太福音 9︰27–30。「耶穌從那裡往前走，有兩個瞎子跟著他，喊叫說：『大衛的子孫，可憐我們吧！』耶穌進了房子，瞎子就來到他跟前。耶穌說：『你們信我能做這事嗎？』他們說：『主啊，我們信。』耶穌就摸他們的眼睛，說：『照著你們的信給你們成全了吧。』」他們的眼睛就開了。

2 馬太福音 15︰22–28。「有一個迦南婦人，從那地方出來，

喊著說：『主啊，大衛的子孫，可憐我！我女兒被鬼附得甚苦。』……耶穌說：『婦人，你的信心是大的！照你所要的，給你成全了吧。』從那時候，她女兒就好了。」

③ 馬可福音 11：22、23。耶穌回答說：「你們當信服上帝。」我實在告訴你們，無論何人對這座山說：『你挪開此地，投在海裡！』他若心裡不疑惑，只信他所說的必成，就必給他成了。」

④ 路加福音 5：18-20，24、25。「有人用褥子抬著一個癱子，要抬進去放在耶穌面前，卻因人多，尋不出法子抬進去，就上了房頂，從瓦間把他連褥子縋到當中，正在耶穌面前。耶穌見他們的信心，就對癱子說：『你的罪赦了。』『但要叫你們知道，人子在地上有赦罪的權柄』。就對癱子說：『我吩咐你，起來，拿你的褥子回家去吧！』那人當眾人面前立刻起來，拿著他所躺臥的褥子回家去，歸榮耀與上帝。」

⑤ 路加福音 17：12-19。「進入一個村子，有十個長大痲瘋的，迎面而來，遠遠的站著，高聲說：『耶穌，夫子，可憐我們吧！』耶穌看見，就對他們說：『你們去把身體給祭司察看。』他們去的時候就潔淨了。內中有一個見自己已經好了，就回來大聲歸榮耀與上帝，又俯伏在耶穌腳前感謝他；這人是撒瑪利亞人。耶穌說：『潔淨了的不是十個人嗎？那九個在哪裡呢？除了這

外族人，再沒有別人回來歸榮耀與上帝嗎』？就對那人說：『起來，走吧！你的信救了你了。』」

6 路加福音 18：1-8。「耶穌設一個比喻，是要人常常禱告，不可灰心。……主說：『你們聽這不義之官所說的話。』上帝的選民晝夜呼籲他，他縱然為他們忍了多時，豈不終久給他們伸冤嗎？我告訴你們，要快快的給他們伸冤了。然而，人子來的時候，遇得見世上有信德嗎？」

7 帖撒羅尼迦前書 5：17。「不住的禱告」

8 希伯來書 11：6。「人非有信，就不能得上帝的喜悅；因為到上帝面前來的人必須信有上帝，且信他賞賜那尋求他的人。」

9 雅各書 5：16。「義人祈禱所發的力量是大有功效的。」

祈求聖靈

1 以西結書 36：25-28。「我必用清水灑在你們身上，你們就潔淨了。我要潔淨你們，使你們脫離一切的污穢，棄掉一切的偶像。我也要賜給你們一個新心，將新靈放在你們裡面，又從你們的肉體中除掉石心，賜給你們肉心。我必將我的靈放在你們

裡面，使你們順從我的律例，謹守遵行我的典章。……你們必住在我所賜給你們列祖之地。你們要作我的子民，我要作你們的上帝。」

2 約珥書 2：28、29，32。「以後，我要將我的靈澆灌凡有血氣的。你們的兒女要說預言；你們的老年人要做異夢，少年人要見異象。在那些日子，我要將我的靈澆灌我的僕人和使女。到那時候，凡求告耶和華名的就必得救；因為照耶和華所說的，在錫安山，耶路撒冷必有逃脫的人，在剩下的人中必有耶和華所召的。」

3 撒迦利亞書 4：6。「萬軍之耶和華說：不是倚靠勢力，不是倚靠才能，乃是倚靠我的靈方能成事。」

4 撒迦利亞書 10：1。「當春雨的時候，你們要向發閃電的耶和華求雨。」

5 路加福音 11：13。「你們雖然不好，尚且知道拿好東西給兒女；何況天父，豈不更將聖靈給求祂的人嗎？」

6 路加福音 24：46-49。「又對他們說：『照經上所寫的，基督必受害，第三日從死裡復活，並且人要奉祂的名傳悔改、赦罪

的道，從耶路撒冷起直傳到萬邦。你們就是這些事的見證。我要將我父所應許的降在你們身上，你們要在城裡等候，直到你們領受從上頭來的能力。』」

7 使徒行傳 1：4、5，8。「耶穌和他們聚集的時候，囑咐他們說：『不要離開耶路撒冷，要等候父所應許的，就是你們聽見我說過的。約翰是用水施洗，但不多幾日，你們要受聖靈的洗。但聖靈降臨在你們身上，你們就必得著能力，並要在耶路撒冷、猶太全地，和撒瑪利亞，直到地極，作我的見證。』」

8 使徒行傳 1：12-14。「當下，門徒從那裡（橄欖山）回耶路撒冷去……進了城，就上了所住的一間樓房，……都同心合意的恆切禱告。」

9 使徒行傳 2：1-4。「五旬節到了，門徒都聚集在一處。忽然，從天上有響聲下來，好像一陣大風吹過，充滿了他們所坐的屋子。又有舌頭如火焰顯現出來，分開落在他們各人頭上。他們就都被聖靈充滿，按著聖靈所賜的口才說起別國的話來。」

10 使徒行傳 4：23、24，29-31。「二人既被釋放，就到會友那裡去，他們聽見了，就同心合意的高聲向上帝說：『主啊！你是造天、地、海，和其中萬物的。他們恐嚇我們，現在求主鑒察，一面

叫你僕人大放膽量講你的道,一面伸出你的手來醫治疾病,並且使神蹟奇事因著你聖僕耶穌的名行出來。禱告完了,聚會的地方震動,他們就都被聖靈充滿,放膽講論上帝的道。』」

代禱

1 出埃及記 32:31、32。「摩西回到耶和華那裡,說:『唉!這百姓犯了大罪,為自己做了金像。倘或你肯赦免他們的罪,……不然,求你從你所寫的冊上塗抹我的名。』」

2 撒母耳記上 12:23。「至於我,斷不停止為你們禱告,以致得罪耶和華。我必以善道正路指教你們。」

3 列王紀上 13:6。「王對神人說:『請你為我禱告,求耶和華你上帝的恩典使我的手復原。』於是神人祈禱耶和華,王的手就復了原,仍如尋常一樣。」

4 約伯記 42:8。「現在你們要取七隻公牛,七隻公羊,到我僕人約伯那裡去,為自己獻上燔祭,我的僕人約伯就為你們祈禱。我因悅納他,就不按你們的愚妄辦你們。你們議論我,不如我的僕人約伯說的是。」

5 馬太福音 5：44、45。「只是我告訴你們，要愛你們的仇敵，為那逼迫你們的禱告。這樣就可以作你們天父的兒子。」

6 路加福音 22：31、32。「主又說：『西門！西門！撒但想要得著你們，好篩你們像篩麥子一樣；但我已經為你祈求，叫你不至於失了信心，你回頭以後，要堅固你的弟兄。』」

7 約翰福音 17：15–17，20、21。「我不求你叫他們離開世界，只求你保守他們脫離那惡者。他們不屬世界，正如我不屬世界一樣。求你用真理使他們成聖；你的道就是真理。我不但為這些人祈求，也為那些因他們的話信我的人祈求，使他們都合而為一。正如你父在我裡面，我在你裡面，使他們也在我們裡面，叫世人可以信你差了我來。」

8 以弗所書 3：16–19。「求祂按著祂豐盛的榮耀，藉著祂的靈，叫你們心裡的力量剛強起來，使基督因你們的信，住在你們心裡，叫你們的愛心有根有基，能以和眾聖徒一同明白基督的愛是何等長闊高深，並知道這愛是過於人所能測度的，便叫上帝一切所充滿的，充滿了你們。」

9 腓立比書 1：9–11。「我所禱告的，就是要你們的愛心在知識和各樣見識上多而又多，使你們能分別是非，作誠實無過的人，

直到基督的日子；並靠著耶穌基督結滿了仁義的果子，叫榮耀
稱讚歸與上帝。」

🔟 提摩太前書 2：1-4。「我勸你，第一要為萬人懇求、禱告、代
求、祝謝；為君王和一切在位的，也該如此，使我們可以敬虔、
端正、平安無事的度日。這是好的，在上帝我們救主面前可蒙
悅納。他願意萬人得救，明白真道。」

⓫ 約翰三書 2。「親愛的兄弟啊，我願你凡事興盛，身體健壯，
正如你的靈魂興盛一樣。」

《預言之靈》名句補充

❶ 上帝渴望回應你。「祂渴望你向祂伸出信心的手。祂渴望你向
祂懷有成就大事的希望。祂也渴望你得到那對屬世與屬靈之事
的理解力。祂能使你的智力敏銳。祂能賜人機智與技巧。你要
將你的才能放在聖工上，要向上帝求智慧，祂就必賜給你。」
（《基督比喻實訓》原文 146 頁）

❷ 需要一起祈禱。「耶和華已應許，凡兩個或三個以祂的名聚集，
祂必在其中。 那些在一起禱告的人將得到聖潔者的賜予。迫切
需要祕密祈禱，但也需要幾位基督徒在一起聚會，並懇切地向

上帝祈求。──《基督徒與上帝同工》」（1896 年 6 月 30 日，
《復臨評論安息日先驅報》。）

3 **復興將透過祈禱產生。**「我們一切需要中最重大而迫切的需要，
就是要在我們中間復興真實的敬虔。謀求這種復興應是我們最
重要的工作。……但我們必須藉著認罪、謙卑、悔改和懇求來
滿足主應許賜福的條件。復興必須以應允禱告為前提。」（《信
息選粹》卷一，原文 121 頁）

4 **當我們祈禱時，撒但顫慄。**「撒但不能忍受人去向他強有力的
敵手求援，因他在祂的能力及尊嚴之前，恐懼戰兢。熱切祈禱
的聲音，使撒但全軍顫慄。」（《證言精選》卷一，原文 346 頁）

5 **天使將服從回應祈求。**「服役的天使正在寶座周圍侍立，要立
刻聽從耶穌的命令，以回應每一個本著懇切活潑的信心獻上的
祈禱。」（《信息選粹》卷二，原文 377 頁）

6 **力量和勝利來自祈禱。**「上帝工作所得的最大勝利，並不是出
於苦心的辯論，充裕的設備，雄厚的勢力，或豐富的錢財；乃
是人在與上帝交往之處，用誠懇、痛切的信心，握住那大能的
膀臂，方可得到這種勝利。真實的信心及真實的禱告是何等的
強有力啊！它如同兩條膀臂，使祈禱的人可藉以握住那位無窮

之愛的大能者。」（《傳道良助》原文 259 頁）

7 花時間與上帝交流。「有許多人甚至在靈修的時候，也得不到與上帝真正交往的福分。他們太過於倉猝了。他們以急促的步伐奔跑到基督可愛的身旁，在那聖潔的境界中略作瞬息的逗留，但卻不等候受教。他們沒有時間留在神聖的大教師面前；卻仍然背負自己的重擔回去工作了。

這些從事工作的人，除非學得獲致能力的祕訣，就絕不能達到最高的成功。他們必須自己用功夫思想、祈禱，並等候上帝賜給他們體、智、靈各方面力量的更新之能。他們需要聖靈使人超升的感化力。他們接受了這種感化力，就必被新的生命所激發。那疲乏的身體和困倦的頭腦必從此一新，那負重的心也必覺得輕鬆了。

我們的需要，並不是在祂面前作瞬息的逗留，而是要親自與基督接觸，與祂同坐交談。」（《教育論》原文 260、261 頁）

8 以諾知道如何與上帝同行。「以諾在一生忙碌之中，仍堅持自己與上帝的交往。他的工作越大越重，他就越發殷勤虔心祈禱。……以諾這樣與上帝交往，就越來越多返照神聖的形象。他臉上發出聖光，就是耶穌臉上所發出的光一樣。他與上帝交

往之後，甚至那些不敬畏上帝的人，看見他臉上帶著天國的形象，也畏懼驚訝。」（《傳道良助》原文 52 頁）

9 只有沉浸在祈禱中的工作才能奏效。「惟有那經過多次祈禱而成就的工作，賴基督的功勞而成聖的工作，才能顯明它所發生的善良的效力。」（《歷代願望》原文 362 頁）

10 應該祈求上帝為我們開路。「我們應該舉行禱告會，祈求主為真理開闢道路進入撒但設立王位的據點，消除他投下的陰影，制止他尋求欺騙和破壞的人的道路。——『聖靈的應許』」（《評閱宣報》，1908 年 4 月 30 日。）

11 相信上帝，祂會回應！「只要上帝的子民願意運用信心，祂就會以一種奇妙的方式完成這項工作。請聽基督的話：『若是你們中間有兩個人在地上同心合意的求什麼事，我在天上的父必為他們成全。』這是多麼寶貴的應許！我們相信嗎？如果兩個人的聯合禱告以活潑的信心升到上帝面前，就會產生何等奇妙的結果啊！耶穌隨時預備接受這些請求並將之呈現在祂父面前，說：『我按名認識這些人。請應允他們的祈禱；因為我已經將他們的名字刻在我手掌上了。』」（《佈道論》原文 410 頁）

12 現在我們必須比以往更常祈禱。「我們若要在神聖的生活中取

得進步，就必須多祈禱。當第一次傳揚真理的信息時，我們多
次祈禱。在密室、穀倉、果園或樹林中經常聽到代禱的聲音。
我們經常花幾個小時認真祈禱，兩三個人一起為實現應許祈
求。常常聽到哭泣的聲音，然後聽到感恩和讚美的歌聲。現在，
上帝的日子比我們最初相信的日子更近了，我們應該比那些早
期的日子更加認真、熱心和熱情。現在，我們的危險比以往更
大。世人的心腸更硬。我們現在需要基督的精神，在我們領受
之前，我們不應該休息。」（《證言精選》卷五，原文 161、
162）

附錄 B

百萬人口（含以上）城市行走禱告團隊組數建議

下一頁是截至 2018 年 7 月 1 日人口在一百萬或超過一百萬的世界城市清單。欄位名稱「2018 年人口」的數字是指該城市本身的人口數，若數字後附上一個星號（＊），表示該數字是指大都會地區（較大城市）的人口。若是兩個星號（＊＊）則代表該城市集聚區的人口（同一都會區域中的多個城市）。列表中的人口數以「千」為單位。例如東京的人口總數是 37,468。這意味著有 37,468,000 人生活在這個當今世界上最大的城市。

所標示的行走禱告團隊數量是該城市應有的最低組數。給該數字加上一個零，就是最小的理想數字。（資料來自聯合國世界城市數據手冊《2018 年世界城市》，https：//www.un.org/en/events/citiesday/assets/pdf/the_worlds_cities_in_2018_data_booklet.pdf）

#	城市	國家	分會	2018 年人口	行走禱告團隊	預計2030 年人口
1	東京	日本	NSD	37,468*	375	36,574
2	德里	印度	SUD	28,514*	286	38,939
3	上海	中國	CHUM	25,582	256	32,869
4	聖保羅	巴西	SAD	21,650*	217	23,824
5	墨西哥城	墨西哥	IAD	21,581*	216	24,111
6	開羅	埃及	MENA	20,076*	201	25,517
7	孟買	印度	SUD	19,980*	200	24,572
8	北京	中國	CHIN	19,618**	196	24,282
9	達卡	孟加拉	SSD	19,578 *	196	28,076
10	大阪	日本	NSD	19,281 *	193	18,658
11	紐約—紐華克	美國	NAD	18,819 **	189	19,958
12	卡拉奇	巴基斯坦	SSD	15,400 **	154	20,432
13	布宜諾斯艾利斯	阿根廷	SAD	14,967 **	150	16,456
14	重慶	中國	CHIN	14,838 **	148	19,649
15	伊斯坦堡	土耳其	MENA	14,751 **	148	17,124
16	加爾各答	印度	SUD	14,681 *	147	17,584
17	馬尼拉	菲律賓	SSD	13,482 *	135	16,841
18	拉各斯	奈及利亞	WAD	13,463 **	135	20,600
19	里約熱內盧	巴西	SAD	13,293 *	133	14,408
20	天津	中國	CHIN	13,215 **	132	15,745
21	金沙薩	剛果民主共和國	ECD	13,171 **	132	21,914
22	廣州	中國	CHIN	12,638 **	126	16,024
23	洛杉磯—長灘	美國	NAD	12,458 **	125	13,209
24	莫斯科	俄羅斯	ESD	12,410	124	12,796
25	深圳	中國	CHIN	11,908 **	119	14,537
26	拉合爾	巴基斯坦	SSD	11,738 **	117	16,883
27	班加羅爾	印度	SUD	11,440 **	114	16,227
28	巴黎	法國	EUD	10,901 **	109	11,710
29	波哥大	哥倫比亞	IAD	10,574 **	106	12,343
30	雅加達	印尼	SSD	10,517 *	105	12,687
31	清奈	印度	SUD	10,456 **	105	13,814
32	利馬	祕魯	SAD	10,391 *	104	12,266

#	城市	國家	分會	2018 年人口	行走禱告團隊	預計2030 年人口
33	曼谷	泰國	SSD	10,156 **	102	12,101
34	首爾	韓國	NSD	9,963 **	100	10,163
35	名古屋	日本	NSD	9,507 *	95	9,407
36	海得拉巴	印度	SUD	9,482 **	95	12,714
37	倫敦	英國	TED	9,046 **	90	10,228
38	德黑蘭	伊朗	MEN	8,896	89	10,240
39	芝加哥	美國	NAD	8,864 **	89	9,424
40	成都	中國	CHIN	8,813 **	88	10,728
41	南京	中國	CHIN	8,245 **	82	11,011
42	武漢	中國	CHIN	8,176 **	82	9,611
43	胡志明市	越南	SSD	8,145 **	81	11,054
44	盧安達	安哥拉	SID	7,774 **	78	12,129
45	艾哈邁達巴德	印度	SUD	7,681 **	77	10,148
46	吉隆坡	馬來西亞	SSD	7,564 *	76	9,805
47	西安	中國	CHIN	7,444 **	74	9,984
48	香港	中國（香港）	CHIN	7,429 **	74	7,987
49	東莞	中國	CHIN	7,360 **	74	8,279
50	杭州	中國	CHIN	7,236 **	72	9,260
51	佛山	中國	CHIN	7,196 **	72	8,350
52	瀋陽	中國	CHIN	6,921 **	69	8,569
53	利雅德	沙烏地阿拉伯	MENA	6,907	69	8,547
53	巴格達	伊拉克	MENA	6,812 *	68	9,365
55	聖地牙哥	智利	SAD	6,680 **	67	7,243
56	蘇拉特	印度	SUD	6,564 **	66	9,711
57	馬德里	西班牙	EUD	6,497	65	6,907
58	蘇州	中國	CHIN	6,339 **	64	9,389
59	浦那	印度	SUD	6,276 **	63	8,442
60	哈爾濱	中國	CHIN	6,115 **	61	7,597
61	休士頓	美國	NAD	6,115 **	61	7,254
62	達拉斯—沃斯堡	美國	NAD	6,099 **	61	7,073
63	多倫多	加拿大	NAD	6,082 *	61	6,793
64	三蘭港	坦尚尼亞	ECD	6,048 **	60	10,789

#	城市	國家	分會	2018 年人口	行走禱告團隊	預計2030 年人口
65	邁阿密	美國	NAD	6,036 **	60	6,664
66	美景市（貝洛奧里藏特）	巴西	SAD	5,972 *	60	6,583
67	新加坡	新加坡	SSD	5,792 **	58	6,342
68	費城	美國	NAD	5,695 **	57	6,114
69	亞特蘭大	美國	NAD	5,572 **	56	6,602
70	福岡—北九州	日本	NSD	5,551 *	56	5,395
71	喀土穆	蘇丹	MENA	5,534 **	55	8,023
72	巴塞隆納	西班牙	EUD	5,494	55	5,812
73	約翰尼斯堡	南非	SID	5,486 **	55	6,978
74	聖彼得堡	俄羅斯	ESD	5,383	54	5,630
75	青島	中國	CHIN	5,381 **	54	6,684
76	大連	中國	CHIN	5,300 **	53	6,848
77	華盛頓特區	美國	NAD	5,207 **	52	5,868
78	仰光	緬甸	SSD	5,157 **	52	6,389
79	亞歷山大港	埃及	MENA	5,086	51	6,417
80	濟南	中國	CHIN	5,052 **	50	6,546
81	瓜達拉哈拉	墨西哥	IAD	5,023 *	50	5,943
82	鄭州	中國	CHIN	4,940 **	49	6,669
83	阿必尚	科特迪瓦	WAD	4,921	49	7,136
84	安卡拉	土耳其	MENA	4,919 **	49	5,869
85	吉大港	孟加拉	SSD	4,816 *	48	6,393
86	悉尼（雪梨）	澳大利亞	SPD	4,792 *	48	5,566
87	墨爾本	澳大利亞	SPD	4,771 *	48	5,736
88	蒙特雷	墨西哥	IAD	4,712 *	47	5,621
89	巴西利亞	巴西	SAD	4,470 *	45	5,199
90	吉達	沙烏地阿拉伯	MENA	4,433	44	5,388
91	開普敦	南非	SID	4,430 **	44	5,468
92	阿迪斯亞貝巴	衣索比亞	ECD	4,400	44	7,352
93	奈洛比	肯亞	ECD	4,386	44	7,031
94	鳳凰城—梅薩	美國	NAD	4,359 **	44	5,081
95	長沙	中國	CHIN	4,345 **	43	5,525
96	新北	台灣	NSD	4,325	43	4,683

#	城市	國家	分會	2018 年人口	行走禱告團隊	預計2030 年人口
97	波士頓	美國	NAD	4,308 **	43	4,581
98	河內	越南	SSD	4,283 **	43	6,362
99	長春	中國	CHIN	4,241 **	42	5,257
100	昆明	中國	CHIN	4,230 **	42	5,335
101	羅馬	義大利	EUD	4,210 *	42	4,413
102	汕頭	中國	CHIN	4,174 **	42	5,083
103	蒙特婁	加拿大	NAD	4,172 *	42	4,573
104	阿雷格里	巴西	SAD	4,094 *	41	4,416
105	雷西非	巴西	SAD	4,028 *	40	4,509
106	喀布爾	阿富汗	ESD	4,012	40	5,737
107	烏魯木齊	中國	CHIN	4,011 **	40	5,574
108	特拉維夫—雅法	以色列	IF	4,011 *	40	4,916
109	合肥	中國	CHIN	3,980 **	40	5,218
110	福塔萊薩	巴西	SAD	3,977 *	40	4,446
111	石家莊	中國	CHIN	3,950 **	40	4,872
112	麥德林	哥倫比亞	IAD	3,934 *	39	4,344
113	卡諾	奈及利亞	WAD	3,820 **	38	5,551
114	寧波	中國	CHIN	3,815 **	38	5,169
115	薩爾瓦多	巴西	SAD	3,754 *	38	4,181
116	艾古萊尼	南非	SID	3,741 **	37	4,601
117	太原	中國	CHIN	3,725 **	37	4,628
118	齋浦爾	印度	SUD	3,717 **	37	4,943
119	卡薩布蘭卡	摩洛哥	MENA	3,684 **	37	4,349
120	雅溫得	喀麥隆	WAD	3,656 **	37	5,734
121	南寧	中國	CHIN	3,628 **	36	4,734
122	底特律	美國	NAD	3,600 **	36	3,679
123	廈門	中國	CHIN	3,585 **	36	4,376
124	古里提巴	巴西	SAD	3,579 *	36	4,040
125	柏林	德國	EUD	3,552	36	3,606
126	福州	中國	CHIN	3,532 **	35	4,377
127	拉克瑙	印度	SUD	3,505 **	35	4,628
128	釜山	韓國	NSD	3,467 **	35	3,532

#	城市	國家	分會	2018 年人口	行走禱告團隊	預計2030 年人口
129	溫州	中國	CHIN	3,419 **	34	4,416
130	杜阿拉	喀麥隆	WAD	3,412 **	34	5,112
131	伊巴丹	奈及利亞	WAD	3,383 **	34	4,956
132	西雅圖	美國	NAD	3,379 **	34	3,747
133	南昌	中國	CHIN	3,373 **	34	4,435
134	常州	中國	CHIN	3,372 **	34	4,526
135	舊金山—奧克蘭	美國	NAD	3,325 **	33	3,501
136	費薩拉巴德	巴基斯坦	SSD	3,311 **	33	4,401
137	亞松森	巴拉圭	Sunc	3,222 *	32	3,920
138	聖地牙哥	美國	NAD	3,212 **	32	3,526
139	坎皮納斯	巴西	SAD	3,210 *	32	3,627
140	科澤科德	印度	SUD	3,175 **	32	4,993
141	聖多明哥	多明尼加共和國	IAD	3,172 **	32	3,913
142	勿加泗	印尼	SSD	3,159	32	4,332
143	雅典	希臘	TED	3,156 **	32	3,163
144	唐山	中國	CHIN	3,145 **	31	4,371
145	無錫	中國	CHIN	3,144 **	31	3,818
146	貴陽	中國	CHIN	3,136 **	31	4,029
147	德班	南非	SID	3,134 **	31	3,535
148	米蘭	義大利	EUD	3,132 *	31	3,209
149	馬什哈德	伊朗	MENA	3,097	31	3,650
150	普埃布拉州	墨西哥	IAD	3,097 *	31	31,669
151	坎普爾	印度	SUD	3,081 **	31	3,715
152	庫馬西	加納	WAD	3,065 *	31	4,681
153	安塔那那利佛	馬達加斯加	SID	3,058 **	31	5,189
154	平壤	朝鮮	NSD	3,038	30	3,345
155	科威特城	科威特	MENA	2,989 **	30	3,622
156	坎帕拉	烏干達	ECD	2,986 **	30	5,506
157	達卡	塞內加爾	WAD	2,978 **	30	4,339
158	基輔	烏克蘭	ESD	2,957	30	3,004
159	馬馬拉普拉姆	印度	SUD	2,950 **	30	4,976
160	伊茲密爾	土耳其	MENA	2,937 **	29	3,316

#	城市	國家	分會	2018 年人口	行走禱告團隊	預計2030 年人口
161	蘭州	中國	CHIN	2,936 **	29	3,692
162	加拉加斯	委內瑞拉	IAD	2,935 *	29	3,164
163	里斯本	葡萄牙	EUD	2,927 *	29	3,085
164	阿布賈	奈及利亞	WAD	2,919 **	29	5,119
165	泗水	印尼	SSD	2,903	29	3,413
166	靜岡—濱松	日本	NSD	2,899 *	29	2,883
167	瓜亞基爾	厄瓜多爾	SAD	2,899 **	29	3,511
168	明尼阿波利斯—聖保羅	美國	NAD	2,889 **	29	3,177
169	中山	中國	CHIN	2,872 **	29	3,302
170	高知	印度	SUD	2,858 **	29	4,064
171	瓜地馬拉城	瓜地馬拉	IAD	2,851 *	29	3,640
172	印多爾	印度	SUD	2,822 **	28	3,918
173	那格浦爾	印度	SUD	2,808 **	28	3,534
174	坦帕聖彼得堡	美國	NAD	2,807 **	28	3,188
175	杜拜	阿拉伯聯合大公國	MENA	2,785 **	28	3,315
176	沙那	葉門	MENA	2,779 **	28	4,174
177	德里久爾	印度	SUD	2,774 **	28	4,221
178	仁川	韓國	NSD	2,763	28	2,923
179	丹佛—奧羅拉	美國	NAD	2,753 **	28	3,141
180	哈科特港	奈及利亞	WAD	2,731 **	27	4,595
181	卡利	哥倫比亞	IAD	2,726 **	27	3,039
182	台北	台灣	NSD	2,706 **	27	2,844
183	阿爾及爾	阿爾及利亞	MENA	2,694 **	27	3,263
184	曼徹斯特	英國	TED	2,690 *	27	2,934
185	札幌	日本	NSD	2,665 *	27	2,612
186	哥印拜陀	印度	SUD	2,641 **	26	3,542
187	太子港	海地	IAD	2,637 **	26	3,488
188	伯明罕	英國	TED	2,570 **	26	2,802
189	戈亞尼亞	巴西	SAD	2,565 *	26	3,056
190	淄博	中國	CHIN	2,555 **	26	3,084
191	拉斯維加斯	美國	NAD	2,541 **	25	3,173
192	萬隆	印尼	SSD	2,538	25	3,002

#	城市	國家	分會	2018 年人口	行走禱告團隊	預計2030 年人口
193	瓦加杜古	布吉納法索	WAD	2,531	25	4,426
194	溫哥華	加拿大	NAD	2,531 *	25	2,834
195	邯鄲	中國	CHIN	2,528 **	25	3,423
196	路沙卡	尚比亞	SID	2,524 **	25	4,267
197	德博	印尼	SSD	2,503	25	3,564
198	濰坊	中國	CHIN	2,466 **	25	3,318
199	塔什干	烏茲別克斯坦	ESD	2,464	25	2,835
200	聖胡安	波多黎各	IAD	2,454 *	25	2,419
201	巴馬科	馬里	WAD	2,447	24	3,932
202	阿克拉	迦納	WAD	2,439 *	24	3,187
203	淮安	中國	CHIN	2,420 **	24	3,430
204	貝魯特	黎巴嫩	MENA	2,385 **	24	2,311
205	比勒陀利亞	南非	SID	2,378 **	24	3,219
206	河濱—聖貝納迪諾	美國	NAD	2,374 **	24	2,804
207	特里凡得瑯	印度	SUD	2,369 **	24	3,474
208	惠州	中國	CHIN	2,360 **	24	3,126
209	煙台	中國	CHIN	2,359 **	24	3,135
210	托盧卡	墨西哥	IAD	2,354 *	24	2,909
211	巴特納	印度	SUD	2,352 **	24	3,002
212	紹興	中國	CHIN	2,350 **	24	3,200
213	布里斯本	澳大利亞	SPD	2,338 *	23	2,724
214	大馬士革	敘利亞	MENA	2,320	23	3,387
215	巴爾的摩	美國	NAD	2,315 **	23	2,490
216	仙台	日本	NSD	2,306 *	23	2,301
217	姆布吉馬伊	剛果民主共和國	ECD	2,305	23	3,899
218	突尼斯	突尼西亞	MENA	2,291 **	23	2,703
219	巴庫	亞塞拜然	ESD	2,286 **	23	2,659
220	棉蘭	印尼	SSD	2,285	23	2,749
221	盧本巴希	剛果民主共和國	ECD	2,281	23	3,771
222	貝倫	巴西	SAD	2,280 *	23	2,546
223	博帕爾	印度	SUD	2,278 **	23	3,008
224	洛陽	中國	CHIN	2,236 **	22	2,946

#	城市	國家	分會	2018 年人口	行走禱告團隊	預計 2030 年人口
225	布拉薩維爾	剛果	WAD	2,230	22	3,292
226	坦格朗	印尼	SSD	2,222	22	2,884
227	大邱	韓國	NSD	2,221	22	2,205
228	巴蘭幾亞	哥倫比亞	IAD	2,218 **	22	2,499
229	聖安東尼奧	美國	NAD	2,217 **	22	2,661
230	聖路易斯	美國	NAD	2,213 **	22	2,351
231	那不勒斯	義大利	EUD	2,198 *	22	2,207
232	桃園	台灣	NSD	2,190	22	2,423
233	馬拉開波	委內瑞拉	IAD	2,179 *	22	2,574
234	馬瑙斯	巴西	SAD	2,171	22	2,537
235	拉瓦爾品第	巴基斯坦	SSD	2,156 **	22	2,805
236	哈瓦那	古巴	IAD	2,136	21	2,178
237	南通	中國	CHIN	2,123 **	21	2,828
238	阿格拉	印度	SUD	2,110 **	21	2,774
239	瓦達達拉	印度	SUD	2,110 **	21	2,708
240	古吉蘭瓦拉	巴基斯坦	SSD	2,110 **	21	2,883
241	波特蘭	美國	NAD	2,104 **	21	2,373
242	包頭	中國	CHIN	2,096 **	21	2,608
243	廣島	日本	NSD	2,095 *	21	2,031
244	摩加迪休	索馬利亞	ECD	2,082 **	21	3,497
245	維沙卡帕特南	印度	SUD	2,076 **	21	2,732
246	白沙瓦	巴基斯坦	SSD	2,065 **	21	2,896
247	安曼	約旦	MENA	2,065	21	2,402
248	蒂華納	墨西哥	IAD	2,058 *	21	2,491
249	徐州	中國	CHIN	2,054 **	21	2,554
250	沙加緬度	美國	NAD	2,054 **	21	2,384
251	布魯塞爾	比利時	EUD	2,050 *	21	2,182
252	坎努爾	印度	SUD	2,048 **	20	2,766
253	柳州	中國	CHIN	2,042 **	20	2,641
254	伊斯法罕	伊朗	MENA	2,041	20	2,461
255	呼和浩特	中國	CHIN	2,009 **	20	2,709
256	明斯克	白俄羅斯	ESD	2,005 **	20	2,086

#	城市	國家	分會	2018 年人口	行走禱告團隊	預計 2030 年人口
257	大維多利亞鎮	巴西	SAD	2,003 *	20	2,311
258	珀斯	澳大利亞	SPD	1,991 *	20	2,299
259	麥加	沙烏地阿拉伯	MENA	1,967	20	2,379
260	納西克	印度	SUD	1,952 **	20	2,638
261	金邊	柬埔寨	SSD	1,952 **	20	2,805
262	木爾坦	巴基斯坦	SSD	1,931 **	19	2,552
263	布爾薩	土耳其	MENA	1,916 **	19	2,263
264	奧斯汀	美國	NAD	1,915 **	19	2,453
265	維傑亞瓦達	印度	SUD	1,911 **	19	2,644
266	揚州	中國	CHIN	1,901 **	19	2,385
267	維也納	奧地利	EUD	1,901	19	2,080
268	保定	中國	CHIN	1,889 **	19	2,355
269	夏洛特	美國	NAD	1,886 **	19	2,520
270	奧蘭多	美國	NAD	1,882 **	19	2,242
271	西約克郡	英國	TED	1,864 *	19	2,026
272	瓦倫西亞	委內瑞拉	IAD	1,860 *	19	2,144
273	拜薩達・桑蒂斯塔	巴西	SAD	1,853 *	19	2,055
274	拉巴特	摩洛哥	MENA	1,847 **	18	2,192
275	科納克里	幾內亞	WAD	1,843	18	2,687
276	臨沂	中國	CHIN	1,843 **	18	2,327
277	阿拉木圖	哈薩克	ESD	1,829	18	2,170
278	基多	厄瓜多	SAD	1,822	18	2,180
279	布加勒斯特	羅馬尼亞	EUD	1,821	18	1,741
280	台州	中國	CHIN	1,818	18	2,374
281	拉巴斯	玻利維亞	SAD	1,814 **	18	2,174
282	盧迪亞納	印度	SUD	1,806	18	2,260
283	海口	中國	CHIN	1,805 **	18	2,253
284	三寶壟	印尼	SSD	1,800	18	2,245
285	漢堡	德國	EUD	1,793	18	1,799
286	都靈	義大利	EUD	1,786 *	18	1,834
287	巴拿馬城	巴拿馬	IAD	1,783 **	18	2,247
288	海得拉巴	巴基斯坦	SSD	1,782 **	18	2,323

#	城市	國家	分會	2018 年人口	行走禱告團隊	預計2030 年人口
289	萊昂	墨西哥	IAD	1,780 *	18	2,075
290	鹽城	中國	CHIN	1,779 **	18	2,231
291	克利夫蘭	美國	NAD	1,776 **	18	1,852
292	聖何西	美國	NAD	1,776 **	18	1,929
293	華沙	波蘭	TED	1,768	18	1,800
294	拉傑果德	印度	SUD	1,767 **	18	2,416
295	大慶	中國	CHIN	1,763 **	18	2,247
296	布達佩斯	匈牙利	TED	1,759	18	1,786
297	阿勒坡	敘利亞	MENA	1,754 **	18	2,993
298	印第安納波利斯	美國	NAD	1,753 **	18	2,021
299	洛梅	多哥	WAD	1,746 **	17	2,496
300	達沃市	菲律賓	SSD	1,745	17	2,256
301	蒙特維多亞	烏拉圭	SAD	1,737 *	17	1,819
302	辛辛那提	美國	NAD	1,733 **	17	1,881
303	阿達納	土耳其	MENA	1,730 **	17	1,976
304	匹茲堡	美國	NAD	1,718 **	17	1,785
305	莆田	中國	CHIN	1,712 **	17	2,529
306	連雲港市	中國	CHIN	1,703 **	17	2,249
307	里昂	法國	EUD	1,690 **	17	1,847
308	安徽蕪湖	中國	CHIN	1,685 **	17	2,463
309	馬杜賴	印度	SUD	1,676 **	17	2,133
310	珠海	中國	CHIN	1,671 **	17	2,120
311	柯蘭	印度	SUD	1,670 **	17	2,557
312	巨港	印尼	SSD	1,665	17	2,064
313	堪薩斯城	美國	NAD	1,663 **	17	1,834
314	格拉斯哥	英國	TED	1,661 *	17	1,778
315	大同	中國	CHIN	1,659 **	17	2,102
316	聖克魯斯	玻利維亞	SAD	1,641	16	2,068
317	江門市	中國	CHIN	1,640 **	16	1,956
318	密拉特	印度	SUD	1,636 **	16	2,093
319	新西伯利亞	俄羅斯	ESD	1,636	16	1,717
320	馬托拉	莫三比克	SID	1,635	16	2,418

#	城市	國家	分會	2018 年人口	行走禱告團隊	預計2030 年人口
321	加濟安泰普	土耳其	MENA	1,632 **	16	1,967
322	貝寧城	奈及利亞	WAD	1,628 **	16	2,451
323	瓦拉納西	印度	SUD	1,615 **	16	2,036
324	襄陽市	中國	CHIN	1,607 **	16	1,931
325	設拉子	伊朗	MENA	1,605	16	1,857
326	鞍山	中國	CHIN	1,600 **	16	1,857
327	馬賽	法國	EUD	1,599 **	16	1,695
328	哥倫布	美國	NAD	1,598 **	16	1,832
329	卡拉伊	伊朗	MENA	1,585	16	1,687
330	斯德哥爾摩	瑞典	TED	1,583 **	16	1,814
331	大不里士	伊朗	MENA	1,582	16	1,781
332	沙迦	阿拉伯聯合大公國	MENA	1,571	16	2,065
333	吉林	中國	CHIN	1,569 **	16	1,838
334	泉州	中國	CHIN	1,568 **	16	2,132
335	大田	韓國	NSD	1,558	16	1,610
336	奧克蘭	紐西蘭	SPD	1,557 **	16	1,791
337	科爾多瓦	阿根廷	SAD	1,548 **	15	1,715
338	哲雪鋪	印度	SUD	1,543 **	15	1,974
339	高雄	台灣	NSD	1,532	15	1,602
340	望加錫	印尼	SSD	1,530	15	1,900
341	摩蘇爾	伊拉克	MENA	1,527 **	15	2,200
342	賴布爾	印度	SUD	1,521 **	15	2,169
343	烏蘭巴托	蒙古	NSD	1,520	15	1,841
344	光州	韓國	NSD	1,518	15	1,559
345	哈拉雷	辛巴威	SID	1,515	15	1,845
346	齊齊哈爾	中國	CHIN	1,515 **	15	1,809
347	斯利那加	印度	SUD	1,515 **	15	1,990
348	慕尼黑	德國	EUD	1,504	15	1,610
349	拉古納	墨西哥	IAD	1,490 *	15	2,013
350	羅薩里奧	阿根廷	SAD	1,488 **	15	1,711
351	銀川	中國	CHIN	1,483 **	15	1,939
352	葉卡捷琳堡	俄羅斯	ESD	1,482	15	1,546

#	城市	國家	分會	2018 年人口	行走禱告團隊	預計2030 年人口
353	慈溪	中國	CHIN	1,480 **	15	2,048
354	華雷斯城	墨西哥	IAD	1,480 *	15	1,730
355	維吉尼亞海灘	美國	NAD	1,478 **	15	1,569
356	卡加利	加拿大	NAD	1,477 *	15	1,779
357	奧蘭卡巴	印度	SUD	1,476 **	15	1,982
358	聖路易斯	巴西	SAD	1,460 *	15	1,604
359	西寧	中國	CHIN	1,452 **	15	1,878
360	濟寧	中國	CHIN	1,450 **	15	1,738
361	馬斯喀特	阿曼	MENA	1,447 **	14	1,838
362	芹苴市	越南	SSD	1,444	14	2,294
363	哈爾科夫	烏克蘭	ESD	1,436	14	1,404
364	密爾瓦基	美國	NAD	1,435 **	14	1,537
365	衡陽	中國	CHIN	1,433 **	14	1,879
366	皇島	中國	CHIN	1,432 **	14	1,907
367	宜昌	中國	CHIN	1,432 **	14	1,952
368	麥地那	沙烏地阿拉伯	MENA	1,430	14	1,744
369	阿布達比	阿拉伯聯合大公國	MENA	1,420	14	1,739
370	蒙羅維亞	賴比瑞亞	WAD	1,418 **	14	2,120
371	賈巴爾普爾	印度	SUD	1,411 **	14	1,763
372	巴淡島	印尼	SSD	1,401	14	2,065
373	焦特布爾	印度	SUD	1,397 **	14	1,866
374	埃德蒙頓	加拿大	NAD	1,397 *	14	1,673
375	納塔爾	巴西	SAD	1,395 **	14	1,642
376	淮南	中國	CHIN	1,393 **	14	1,677
377	阿桑索爾	印度	SUD	1,391 **	14	1,744
378	潮州	中國	CHIN	1,389 **	14	1,654
379	貝爾格萊德	塞爾維亞	TED	1,389 **	14	1,423
380	曼德勒	緬甸	SSD	1,374 **	14	1,757
381	蘇黎世	瑞士	EUD	1,371 **	14	1,514
382	蘭契	印度	SUD	1,370 **	14	1,817
383	蒂魯普	印度	SUD	1,369 **	14	2,018
384	張家口	中國	CHIN	1,367 **	14	1,720

#	城市	國家	分會	2018 年人口	行走禱告團隊	預計2030 年人口
385	特古西加爾巴	宏都拉斯	IAD	1,363	14	1,851
386	渥太華—加蒂諾	加拿大	NAD	1,363 *	14	1,535
387	春武里	泰國	SSD	1,361 **	14	1,580
388	聖何西	哥斯大黎加	IAD	1,358 **	14	1,595
389	安拉阿巴德	印度	SUD	1,355 **	14	1,698
390	若昂佩索阿	巴西	SAD	1,347 *	13	1,502
391	卡南加	剛果共和國	ECD	1,335	13	2,240
392	阿姆利則	印度	SUD	1,335 **	13	1,685
393	加德滿都	尼泊爾	SUD	1,330	13	1,939
394	安陽	中國	CHIN	1,328 **	13	1,893
395	羅里	美國	NAD	1,327 **	13	1,767
396	恩賈梅納	查德	WAD	1,323	13	2,122
397	哥本哈根	丹麥	TED	1,321 *	13	1,442
398	阿德雷得	澳大利亞	SPD	1,320*	13	1,472
399	瓜廖爾	印度	SUD	1,317 **	13	1,727
400	波爾圖	葡萄牙	EUD	1,307 **	13	1,357
401	丹巴德	印度	SUD	1,302 **	13	1,604
402	科塔	印度	SUD	1,299 **	13	1,799
403	巴斯拉	伊拉克	MENA	1,299	13	1,751
404	荷姆斯	敘利亞	MENA	1,295	13	1,891
405	布卡拉曼加	哥倫比亞	IAD	1,295 **	13	1,473
406	馬塞約	巴西	SAD	1,294 *	13	1,440
407	布拉格	捷克	EUD	1,292	13	1,345
408	泰安	中國	CHIN	1,290 **	13	1,575
409	撫順	中國	CHIN	1,288 **	13	1,416
410	克雷塔羅	墨西哥	IAD	1,288 *	13	1,558
411	奧尼查	奈及利亞	WAD	1,285 **	13	2,138
412	台中	台灣	NSD	1,283 **	13	1,434
413	江蘇省台州市	中國	CHIN	1,282 **	13	1,622
414	赫爾辛基	芬蘭	TED	1,279 **	13	1,386
415	宿遷	中國	CHIN	1,276 **	13	1,950
416	沙沒巴干府	泰國	SSD	1,272 **	13	1,477

#	城市	國家	分會	2018 年人口	行走禱告團隊	預計 2030 年人口
417	索非亞	保加利亞	EUD	1,272 **	13	1,279
418	科尼亞	土耳其	MENA	1,271 **	13	1,535
419	若因維利	巴西	SAD	1,270 *	13	1,427
420	水原	韓國	NSD	1,265 **	13	1,420
421	下諾夫哥羅德	俄羅斯	ESD	1,264	13	1,251
422	喀山	俄羅斯	ESD	1,254	13	1,307
423	傑克遜維爾	美國	NAD	1,244 **	12	1,427
424	庫姆	伊朗	MENA	1,241	12	1,469
425	科恰班巴	玻利維亞	SAD	1,237 **	12	1,600
426	伊麗莎白港	南非	SID	1,231 *	12	1,429
427	湛江	中國	CHIN	1,231 **	12	1,533
428	綿陽	中國	CHIN	1,228 **	12	1,504
429	義烏	中國	CHIN	1,227 **	12	1,698
430	海防	越南	SSD	1,219 **	12	1,698
431	威海	中國	CHIN	1,216 **	12	1,622
432	遵義	中國	CHIN	1,216 **	12	1,545
433	車里雅賓斯克	俄羅斯	ESD	1,216	12	1,252
434	蒙巴薩	肯亞	ECD	1,214	12	1,889
435	尼阿美	尼日	WAD	1,214	12	1,988
436	阿瓦士	伊朗	MENA	1,212	12	1,394
437	諾克少	茅利塔尼亞	WAD	1,205	12	1,925
438	東營	中國	CHIN	1,205 **	12	1,553
439	普洛威頓斯	美國	NAD	1,205 **	12	1,267
440	都柏林	愛爾蘭	TED	1,201 **	12	1,374
441	納許維爾—戴維森	美國	NAD	1,199 **	12	1,422
442	達曼	沙烏地阿拉伯	MENA	1,197	12	1,478
443	弗洛里亞諾波利斯	巴西	SAD	1,197 *	12	1,378
444	巴雷利	印度	SUD	1,195 **	12	1,583
445	巴基西梅托	委內瑞拉	IAD	1,189 *	12	1,352
446	開封	中國	CHIN	1,186 **	12	1,588
447	日照	中國	CHIN	1,186 **	12	1,578
448	菲斯	摩洛哥	MENA	1,184 **	12	1,455

#	城市	國家	分會	2018 年人口	行走禱告團隊	預計2030 年人口
449	安塔利亞	土耳其	MENA	1,184	12	1,481
450	鄂木斯克	俄羅斯	ESD	1,184	12	1,183
451	聖路易斯波托西	墨西哥	IAD	1,179 *	12	1,396
452	馬拉凱	委內瑞拉	IAD	1,178 *	12	1,340
453	杜爾格—比萊納加	印度	SUD	1,177 **	12	1,465
454	南充	中國	CHIN	1,173 **	12	1,563
455	薩馬拉	俄羅斯	ESD	1,171	12	1,154
456	基桑加尼	剛果民主共和國	ECD	1,167	12	1,903
457	十堰	中國	CHIN	1,162 **	12	1,533
458	邁索爾	印度	SUD	1,162 **	12	1,504
459	黎波里	利比亞	MENA	1,158	12	1,272
460	贛州	中國	CHIN	1,158 **	12	1,692
461	鹽湖城	美國	NAD	1,147 **	11	1,284
462	株洲	中國	CHIN	1,145 **	11	1,394
463	阿里格爾	印度	SUD	1,143 **	11	1,548
464	嘉興	中國	CHIN	1,140 **	11	1,648
465	孟菲斯	美國	NAD	1,139 **	11	1,241
466	黑角	剛果	WAD	1,138	11	1,664
467	營口市	中國	CHIN	1,138 **	11	1,497
468	北乾巴魯	印尼	SSD	1,138	11	1,500
469	自由城	獅子山	WAD	1,136	11	1,605
470	茂名	中國	CHIN	1,136 **	11	1,469
471	清邁	泰國	SSD	1,135 **	11	1,318
472	海法	以色列	IF	1,135 *	11	1,281
473	蒂魯吉拉伯利	印度	SUD	1,134 **	11	1,415
474	頓河畔羅斯托夫	俄羅斯	ESD	1,134	11	1,143
475	門多薩	阿根廷	SAD	1,133 **	11	1,320
476	阿姆斯特丹	荷蘭	TED	1,132 **	11	1,219
477	烏法	俄羅斯	ESD	1,129	11	1,153
478	莫拉達巴德	印度	SUD	1,127 **	11	1,539
479	鎮江	中國	CHIN	1,124 **	11	1,397
480	本溪	中國	CHIN	1,122 **	11	1,348
481	梅里達	墨西哥	IAD	1,122 *	11	1,342
482	丹吉爾	摩洛哥	MENA	1,116 **	11	1,517

#	城市	國家	分會	2018 年人口	行走禱告團隊	預計2030 年人口
483	茂物	印尼	SSD	1,115	11	1,402
484	克拉斯諾亞爾斯克	俄羅斯	ESD	1,111	11	1,187
485	昌迪加爾	印度	SUD	1,110 **	11	1,413
486	聖薩爾瓦多	薩爾瓦多	IAD	1,107 *	11	1,190
487	赤峰	中國	CHIN	1,105 **	11	1,406
488	馬布多	莫三比克	SID	1,102	11	1,486
489	錦州	中國	CHIN	1,101 **	11	1,354
490	布巴內斯瓦爾	印度	SUD	1,100 **	11	1,482
491	寶雞	中國	CHIN	1,098 **	11	1,422
492	桂林	中國	CHIN	1,096 **	11	1,329
493	科隆	德國	EUD	1,096	11	1,167
494	普寧	中國	CHIN	1,095 **	11	1,412
495	滕州市	中國	CHIN	1,094 **	11	1,514
496	平頂山	中國	CHIN	1,093	11	1,417
497	瑞安	中國	CHIN	1,089 **	11	1,456
498	湘潭	中國	CHIN	1,089 **	11	1,371
499	南陽	中國	CHIN	1,088 **	11	1,372
500	卡杜納	奈及利亞	WAD	1,083	11	1,499
501	古瓦哈提	印度	SUD	1,083**	11	1,365
502	墨西加利	墨西哥	IAD	1,082 *	11	1,296
503	里奇蒙	美國	NAD	1,081 **	11	1,218
504	葉里溫	亞美尼亞	ESD	1,080	11	1,114
505	胡布利—達爾瓦德	印度	SUD	1,079	11	1,374
506	提比里斯	喬治亞	ESD	1,077	11	1,102
507	淮北	中國	CHIN	1,076 **	11	1,394
508	路易維爾	美國	NAD	1,073 **	11	1,188
509	阿瓜斯卡連特斯	墨西哥	IAD	1,070 *	11	1,276
510	安徽省蘇州市	中國	CHIN	1,068 **	11	1,507
511	阿斯塔納	哈薩克	ESD	1,068	11	1,456
512	峴港	越南	SSD	1,064	11	1,449
513	六安	中國	CHIN	1,063 **	11	1,611
514	棗莊	中國	CHIN	1,063 **	11	1,250
515	撒冷	印度	SUD	1,062 **	11	1,363
516	彼爾姆	俄羅斯	ESD	1,062	11	1,091

#	城市	國家	分會	2018 年人口	行走禱告團隊	預計 2030 年人口
517	伊斯蘭馬巴德	巴基斯坦	SSD	1,061	11	1,477
518	昌原	韓國	NSD	1,060 **	11	1,070
519	吉佳利	盧安達	ECD	1,058	11	1,568
520	沃羅涅日	俄羅斯	ESD	1,056	11	1,091
521	里爾	法國	EUD	1,054 **	11	1,126
522	揭陽	中國	CHIN	1,049 **	10	1,473
523	馬納瓜	尼加拉瓜	IAD	1,048 **	10	1,203
524	班達楠榜	印尼	SSD	1,047	10	1,326
525	卡塔赫納	哥倫比亞	IAD	1,047	10	1,150
526	新鄉	中國	CHIN	1,044 **	10	1,266
527	庫埃納瓦卡	墨西哥	IAD	1,043 *	10	1,232
528	奎達	巴基斯坦	SSD	1,042 **	10	1,420
529	高陽市	韓國	NSD	1,039	10	1,145
530	龍仁	韓國	NSD	1,039 **	10	1,186
531	安特衛普	比利時	EUD	1,032 *	10	1,084
532	里朗威	馬拉威	SID	1,030	10	1,748
533	金華	中國	CHIN	1,024 **	10	1,447
534	阿巴	奈及利亞	WAD	1,023 **	10	1,527
535	瀏陽	中國	CHIN	1,020 **	10	1,624
536	賈朗達爾	印度	SUD	1,014 **	10	1,304
537	索拉普	印度	SUD	1,014	10	1,231
538	伏爾加格勒	俄羅斯	ESD	1,014	10	992
539	烏約	奈及利亞	WAD	1,012 **	10	1,771
540	奧斯陸	挪威	TED	1,012 **	10	1,187
541	奇瓦瓦	墨西哥	IAD	1,012 *	10	1,232
542	敖德薩	烏克蘭	ESD	1,011	10	1,005
543	盤錦	中國	CHIN	1,009 **	10	1,250
544	荊州	中國	CHIN	1,008 **	10	1,206
545	鹿特丹	荷蘭	TED	1,008 **	10	1,049
546	姆萬扎	坦尚尼亞	ECD	1,003	10	1,827
547	特雷西納	巴西	SAD	1,001 **	10	1,108
548	濱州	中國	CHIN	1,000 **	10	1,371

復臨教會分會或地區縮寫

縮寫	英文全名	中文全名
CHIN	China Field	中國佈道區
ECD	East—Central Africa Division	東中非分會
ESD	Euro—Asia Divisio	歐亞分會
EUD	Inter—European Division	中歐分會
IAD	Inter—American Division	中美分會
IF	Israel Field	以色列佈道區
MENA	Middle East and North Africa Union Mission	中東暨北非聯合會
NAD	North American Division	北美分會
NSD	Northern Asia—Pacific Division	北亞太分會
SAD	South American Division	南美分會
SID	Southern Africa—Indian Ocean Division	南非暨印度洋分會
SPD	South Pacific Division	南太平洋分會
SSD	Southern Asia—Pacific Division	南亞太分會
SUD	Southern Asia Division	南亞分會
TED	Trans—European Division	泛歐分會
WAD	West—Central Africa Division	西中非分會

國家圖書館出版品預行編目資料

奉耶穌的名求：建造強效的禱告事工／柯榮恩
(Ron E. M. Clouzet)著；方錦榮譯.
一初版. 一 臺北市：時兆出版社, 2022.07
面；公分
譯自：In the name of Jesus：power to pray for
people and places

ISBN 978-626-95109-4-8（平裝）

1.CST: 基督徒　2.CST: 祈禱　3.CST: 教牧學

244.3　　　　　　　　　　　　111009394

IN THE NAME OF JESUS
Power to Pray for People and Places

作　　者	柯榮恩　Ron E. M. Clouzet	
譯　　者	方錦榮	

董 事 長	金堯漢
發 行 人	周英弼
出 版 者	時兆出版社
客服專線	0800–777–798
電　　話	886–2–27726420
傳　　真	886–2–27401448
地　　址	台灣台北市105松山區八德路2段410巷5弄1號2樓
網　　址	http://www.stpa.org
電　　郵	service@stpa.org

責　　編	林思慧
文字校對	柯恩惠、林思慧、吳惠蓮
封面設計	時兆設計中心　林俊良
美術編輯	時兆設計中心　馮聖學
商業書店	總經銷　聯合發行股份有限公司 TEL：886–2–29178022
基督教書房	TEL：0800–777–798

網路商店	PChome商店街、Pubu電子書城　奉耶穌的名求

I S B N	978-626-95109-4-8
定　　價	新台幣320元
出版日期	2022年7月　初版1刷
郵政劃撥	00129942
戶　　名	財團法人臺灣基督復臨安息日會

本書使用環保大豆油墨印刷